Peter Gitzinger · Linus Höke · Roger Schmelzer

Das böse Buch für Ärzte

Peter Gitzinger · Linus Höke · Roger Schmelzer

DAS BÖSE BUCH FÜR

ÄRZTE

Mit Illustrationen von Ari Plikat

LAPPAN

Der Beruf des Mediziners blieb lange –
bis zum Ausgang des Mittelalters – eher ein
NEBENJOB für Friseure, Apotheker,
Masseure und Metzger, die sich ein bisschen
was dazu verdienen wollten. Bezahlung und
Sozialstatus waren lausig.
Natürlich genoss man damals auch gewisse
Vorteile: Wer hätte seinen ungeliebten
Nachbarn nicht gern mal mit dem Satz
begrüßt: „Was, Sie haben keinen Schnaps
mitgebracht? Na, macht nichts, dann
schnippeln wir Ihren Blinddarm eben
OHNE BETÄUBUNG raus, was?"
Heute haben sich die Verhältnisse grundlegend
geändert: Wer in der Medizin tätig ist,
hat die Friseure und Masseure in Sachen
Bezahlung und SOZIALPRESTIGE
locker überrundet – während der
CORONA-PANDEMIE
bettelten sogar Menschen um Termine, die

normalerweise sagen: „Zum Arzt geh' ich,
wenn ich tot bin. Aber keinen Tag früher."
Und wenn man ein bisschen Glück hat,
kann man als Mediziner auf einer Reise die
schönste Genugtuung überhaupt erleben:
den Ruf „IST EIN ARZT
ANWESEND?", auf den hin man
sich mit beruhigendem Lächeln von seinem
Platz erheben kann, um sich – unter den
beeindruckten Blicken der Umsitzenden –
des jeweiligen Problems anzunehmen. Dies
allein zeigt den Stellenwert des Arztberufs.
Oder hat man schon mal in einem Flugzeug
den aufgeregten, hoffnungsvollen Ruf
einer Flugbegleiterin vernommen:
„Entschuldigung – ist ein Friseur anwesend?!"*

---

* Natürlich gibt es auch hier Ausnahmen, z.B. an Bord eines
  Charterfluges zur CSD-Parade.

Statistische Erhebungen haben ergeben, dass ca. 56 Prozent aller Ärztinnen und Ärzte nur deshalb mit öffentlichen Verkehrsmitteln reisen, weil sie auf den Eintritt des oben beschriebenen Notfalls hoffen. Sollten auch Sie dazu gehören, vertreiben Sie sich die Wartezeit am besten mit einem guten B U C H , das bequem ins Handgepäck passt. Zum Beispiel mit diesem hier.

INHALT

WIE WERDE ICH EINE PERFEKTE ÄRZTIN ODER EIN PERFEKTER ARZT?

DIE SIEBEN GOLDENEN REGELN FÜR DEN WEG ZUM ERFOLG

Vorab: Sollten Sie ein Studium der Virologie abgeschlossen haben, können Sie die nächsten sieben Punkte überspringen. Denn als Virologin oder Virologe verfügen Sie bereits über die maximal mögliche Anerkennung, die eine medizinische Fachkraft genießen kann. Alle anderen lesen bitte weiter.

1 Angehörige Ihres Berufsstands reden oft unverständliches Zeug. Das klingt gebildet und macht auf das Umfeld gehörigen Eindruck.

Üben Sie dies, wo immer Sie können! Warum beim Metzger ein Eisbein kaufen, wenn es auch ein „*Crus porci*, aber schön *adipös*" sein kann? Oder überraschen Sie Ihre bessere Hälfte doch einmal mit einem Kompliment der Klasse: „Ich finde deine *musculi glutei maximi* zum Anbeißen knackig!" Auch wahllos ins Gespräch eingestreute lateinische Wörter wie *hic* oder *nunc* verfehlen ihre Wirkung selten. Falls man Sie trotzdem mal fragend ansieht, kontern Sie einfach mit einem durch alle Fälle durchdeklinierten lateinischen Substantiv Ihrer Wahl. Das klingt dann schön nach einem klugen Sprichwort und lässt ihr Gegenüber in der Regel schnell verstummen.

 Erfolgreiche Menschen haben häufig wenig Zeit. Sie machen sich rar nach dem Motto: Etwas, was selten ist, ist auch wertvoll. Nutzen Sie diesen Umstand, indem Sie so selten wie möglich in Ihrer Praxis anwesend sind, um den Versuch einer Kontaktaufnahme für Ihre Patienten so schwierig wie möglich zu gestalten. Falls es sich nicht umgehen lässt, Ihre Praxis aufzusuchen (etwa, um Rechnungen zu unterschreiben) und Sie dort versehentlich auf Patienten treffen, sollten Sie Folgendes beherzigen: Vermitteln Sie unbedingt den Eindruck akuter Zeitnot! Als probates Mittel eignet sich zum Beispiel die sogenannte *Schnappatmungsübung*. 10 bis

15 hastig ausgeübte Atemzüge bringen Sie innerhalb kürzester Zeit an den Rand einer Hyperventilation und verleihen Ihnen so das Aussehen einer ständig unter Zeitdruck stehenden medizinischen Koryphäe. Falls jemand wagt, Sie trotzdem anzusprechen, sollten Sie so knapp wie möglich antworten. Benutzen Sie Einwortsätze wie „Ja", „Nein", „Möglich", „Morgen" oder „Strahlentherapie". Denken Sie immer daran: Sie haben keine Zeit! Außer für:

 Hobbys. Hierfür haben Sie alle Zeit der Welt. Mit einem Hobby beweisen Sie, dass Sie erfolgreich sind und nach Feierabend zu Recht eine Entspannung verdient haben. Aber Vorsicht: Schnarch-Hobbys wie das Sammeln von Aston-Martin-Oldtimern, Segelfliegen oder gar Golfspielen sind völlig out und lassen deutlich an Exklusivität vermissen. Hier sollten Sie unbedingt einer extravaganteren Freizeitbeschäftigung nachgehen. Das Züchten einer aussterbenden Tierart wie etwa des Sibirischen Tigers macht wesentlich mehr her als das Züchten einer Orchideenart. Außerdem schmecken Tiger einfach besser.

 Wichtig ist auch ein wohlklingender Name in Verbindung mit Eindruck schindenden Titeln. *Prof. Dr. Dr. Dr. Daniele von Brinkmann* klingt einfach besser (und teurer) als

Kim Schmitz. Bezüglich der Titel sollte es keine Probleme geben. Greifen Sie einfach auf einen der zahlreichen im Internet vertretenen Titel-Discounter zurück (z. B. www.billig-titel.de oder www.spar-prof.com). Der wohlklingende Name ist da schon schwieriger. Sollte kein Adliger Sie adoptieren wollen, müssen Sie zum Äußersten greifen und in Las Vegas irgendjemanden ehelichen, der einen passenden Namen trägt und dringend Geld braucht. Auch medizinische Zusatzqualifikationen machen ordentlich was her. Dabei spielt es keine Rolle, ob es sie tatsächlich gibt. Wie wäre es zum Beispiel mit *Fachärztin für Kinematographie* oder *Spezialist für Angewandte Molekulargastronomie?* Zu guter Letzt verteilen Sie einfach ein paar Abkürzungen über Ihren Namen (HC, VW, OBI, H&M und so weiter) und schon haben Sie das längste und beeindruckendste Praxisschild der ganzen Stadt.

 Eine moderne Arztpraxis verfügt über eine technische Ausrüstung, die den Kommandostand eines Kernkraftwerks aussehen lässt wie einen Kinderkaufladen von Woolworth. Und genau wie im Kernkraftwerk hat auch in der Arztpraxis selten jemand den Überblick, wozu diese ganzen Knöpfe eigentlich da sind. Braucht es aber auch nicht. Hauptsache, die Geräte sehen teuer und kompliziert aus. Sollten Sie nun Ihre Millionen allerdings lieber in die technische Ausstattung Ihres Bugattis als in die Ihrer Praxis stecken, können wir Sie beruhigen. Denn ob die Geräte tatsächlich auch funktionieren, ist vollkommen sekundär. Das eröffnet natürlich ein Feld der unbegrenzten Möglichkeiten: Der Kühlschrank Ihrer Kellerbar ist kaputt? Ab damit in Ihre Praxis! Pappen Sie ein paar Drehknöpfe und ausgediente Stethoskope auf die Tür und schon verfügen Sie über das modernste offene MRT, das Sie für teuer Geld kaufen können! Die defekte Sonnenbank einer Freundin wird flugs zu einem partikelemissionsarmen Spezialröntgengerät zur maßbandfreien Bestimmung der Körpergröße und selbst die kaputte Energiesparbirne kann noch herhalten als Ultraschallabtastkopf mit Ökosiegel. So schlagen Sie zwei Fliegen mit einer Klappe: Sie schinden Eindruck mit Ihrem topmodernen Gerätepark und tun durch zeitgemäßes Recycling auch noch was für die Umwelt.

 Als modern denkender Mensch zeigen Sie sich natürlich auch alternativen Heilmethoden gegenüber durchaus offen. Zumindest sollte das Ihre Kundschaft denken, denn viele Patienten und Patientinnen schätzen es, wenn sie nicht ausschließlich nach schulmedizinischen Gesichtspunkten

behandelt werden. Das bedeutet nicht, dass Sie sich wirklich mit dem ganzen Hokuspokus auseinandersetzen müssen. Ein paar Räucherstäbchen hier, ein bisschen Handauflegen da oder ein paar Stecknadeln, die man nach persönlichem Geschmack über den Körper des Patienten verteilt, reichen oftmals aus, Sie als Autorität im Bereich der alternativen Heilkunde dastehen zu lassen.

7 Ärzte und Ärztinnen, die etwas auf sich halten, haben in der Regel eine Sauklaue. Sollten Sie das Pech haben, über eine leserliche Handschrift zu verfügen, müssen Sie dies umgehend ändern! Mittel der Wahl: Alkohol in rauen Mengen. Der bald auftretende Tremor verleiht Ihrem Schriftbild schnell die Anmutung einer seismographischen Erdbebenaufzeichnung der Stärke 10. Bis es so weit ist, können Sie sich zunächst damit behelfen, Ihre Rezepte mit dem Mund zu unterschreiben.

WAS ÄRZTE
WIRKLICH MEINEN,

Ärztinnen und Ärzte schreiben nicht nur unleserlich, sie drücken sich auch oft unverständlich aus. Eher wird man aus Dada-Gedichten schlau als aus ärztlichen Diagnosen, wie zum Beispiel einer distorsiven Allodynie oder einem oropharyngealen Angioödem. Und selbst wenn die *Doctores* gerade mal kein griechisch-lateinisches Kauderwelsch sprechen, meinen sie oft etwas ganz anderes, als sie sagen. Wir haben einige typische Sätze von Ärzte-Deutsch in Ehrlich-Deutsch übersetzt.

„Die Herz-OP lief suboptimal."
Der Patient hätte während der OP nicht sterben müssen, zumal er gar nichts am Herzen hatte, sondern einen Leistenbruch.

„Ich hab das mit dem Morphium auf dem Schirm."
Ich habe komplett vergessen, der Patientin mit den Verbrennungen 3. Grades Morphium zu geben. Aber jetzt weiß ich wenigstens, warum sie schreit wie am Spieß.

„Die Extraktion Ihrer Weisheitszähne ist nur eine von mehreren Optionen."
Es ist längst entschieden, aber wir tun so, als dürften Sie mitreden.

„Natürlich können Sie mich auch per E-Mail erreichen."

Allerdings nur, wenn Sie meine private E-Mail-Adresse haben und die gebe ich an niemanden raus.

„Machen Sie sich keine Sorgen wegen der Transplantation, wir kriegen das schon hin."

Wir hatten bisher kaum eine Transplantation ohne schwerwiegende Folgen, aber in diesen Fällen zahlt unsere Versicherung. Manchmal.

„Sie werden noch viele Jahre leben ..."

... allerdings nicht zu Hause, sondern im Koma hier in der Klinik.

„Keine Angst. Wir haben diese OP schon 100 Mal durchgeführt ..."

... irgendwann muss es ja mal klappen.

„Der Pflegenotstand ist schlimm, aber auf unserer Station haben wir dieses Problem glücklicherweise nicht."

Und wie wir dieses Problem haben. Manchmal ist überhaupt kein Pflegepersonal auf unserer Station. Dann ziehen wir der Putzkolonne weiße Kleidung an, um so zu tun, als ob.

„Sie werden Freitag entlassen."

Sie werden vielleicht an irgendeinem Freitag entlassen, aber keinesfalls am nächsten.

„Ich überweise Sie zu meinem Kollegen. Der ist absoluter Spezialist auf dem Gebiet."

Ich tappe, was Ihre Diagnose betrifft, völlig im Dunkeln und bin mir sicher, dass es meinem Kollegen genauso geht. Aber dann hab ICH Sie wenigstens von der Hacke.

„Kassenpatienten sind bei mir genauso willkommen wie Privatpatienten."

> Ich hab zu wenige Privatpatienten, weil ich ein jämmerlicher Quacksalber bin. Deshalb bin ich auf die blöden Kassenpatienten angewiesen.

„Ich verstehe Menschen wie Sie, die der Impfung nicht trauen."

> Ich verstehe Sie null, habe aber absolut keine Lust, mich von einem selbst ernannten Widerstands-kämpfer anspucken zu lassen, der zudem ankündigt, dass er mich dreckige Systemhure töten und meine Leiche in der Praxistoilette entsorgen wird.

WAS PATIENTEN WIRKLICH MEINEN,

WENN SIE SAGEN …

Bei den Patienten verhält es sich ein wenig anders als bei den Ärzten. Sie reden meist kein unverständliches Zeug daher, es sei denn, sie haben sich gerade eine *fractura ossis maxillae*[*] zugezogen. Aber auch Patienten beherrschen die Kunst, ihre Aussagen in Worte zu kleiden, die erst einmal vom Arzt dekodiert

---

[*] Medizinerlatein für *Oberkieferbruch*.

werden müssen, um die Wahrheit dahinter erkennen zu können. Hier ein paar kleine Hilfestellungen:

„Ich war ja letzte Woche schon mal bei Ihnen."

Ich komme ab jetzt jede Woche zu Ihnen, weil ich mich ansonsten furchtbar langweile.

„Ich hab seit Tagen so ein komisches Kribbeln im Hals, kann mir aber nicht erklären, wo es herkommt."

Ich rauche jeden Tag 40 selbst gedrehte Zigaretten, will das aber vor meinem Arzt und der Versicherung nicht zugeben.

„Ich hab' meine Symptome mal gegoogelt ..."

Ich habe dank Google herausgefunden, dass meine Symptome nicht auf eine harmlose Erkältung hindeuten, sondern eindeutig auf Tuberkulose im Endstadium. Wenn Sie mich nicht daraufhin behandeln, werde ich Sie wegen unterlassener Hilfeleistung verklagen.

„Ich trinke so gut wie nichts. Vielleicht mal ein Bierchen hie und da."

Ich bin seit Jahren harter Alkoholiker. Nur dank meiner übermenschlichen Willenskraft ist es mir gelungen, die 15 Minuten im Wartezimmer ohne Doppelkorn zu überstehen.

Ich putze mir dreimal am Tag die Zähne.

Und zwar jedes Jahr am 24. Dezember.

„Ich bin 70, fühle mich aber wie 50."

Weil ich mich mit 50 schon total scheiße
gefühlt habe.

„Sie sind der beste Arzt, den ich kenne."

Sie sind der einzige Arzt, den ich kenne.

**„Ich habe auf Ihren Rat gehört und bewege mich
jetzt jeden Tag ..."**

... und zwar vom Sofa zum Kühlschrank
und wieder zurück.

Beim Augenarzt:

„Ich sehe die Zahlenreihe 5 – 3 – 8 – 1."

Ich sehe gar nix, aber ich bin viel zu eitel für
eine Brille. Und meine Chancen, dass die Zahlen
stimmen, stehen immerhin bei eins zu zehntausend.

„Ich habe keine Angst vor Spritzen."

Ich habe wirklich keine Angst vor Spritzen,
nur äußert sich Keine-Angst-Haben bei mir
dummerweise immer durch lautes Schreien
und minutenlange Ohnmachtsanfälle.

**„Ich hab so'n komisches Ziehen im Magen.
Und im Rücken. Und im Kopf auch."**

Ich hab gar nix, will aber morgen krankfeiern.
Suchen Sie sich irgend 'ne Krankheit aus.

DIE GRÖSSTEN Horror- VORSTELLUNGEN VON ÄRZTINNEN & ÄRZTEN

Im öffentlichen Dienst und auch im Gesundheitswesen werden neue Farben eingeführt: Die Müllmänner arbeiten von nun an in Blaumännern, die Hausmeister in weißen Kitteln und die Ärzte in orangen Overalls. Von jetzt an heißt es „Halbgötter in Orange".

⚕

Im Krankenhaus müssen Sie sich heftige Kritik anhören: „Mann, können Sie eine Gallenblase nicht von einem Furunkel unterscheiden?!"

Alle lachen – so hat der Chefarzt noch nie einen Kollegen fertiggemacht.

Im Krankenhaus müssen Sie sich heftige Kritik anhören: „Mann, können Sie eine Gallenblase nicht von einem Furunkel unterscheiden?!"

Alle lachen, auch der Chefarzt – so hat noch nie ein Patient einen Arzt fertiggemacht.

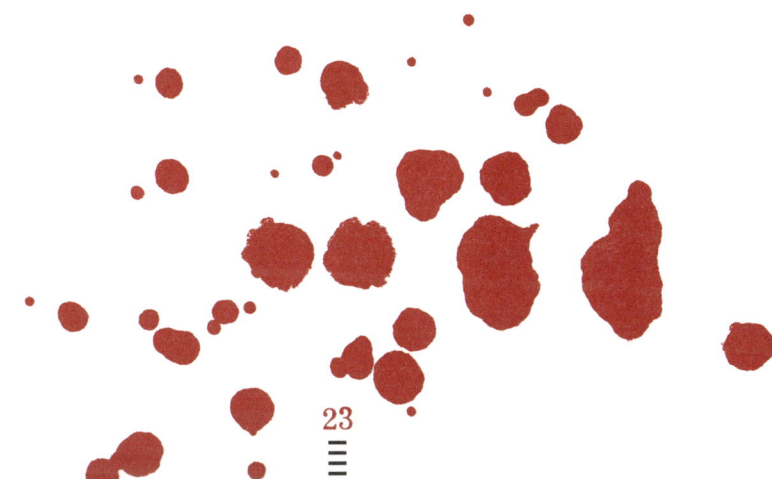

Sie sitzen im Flugzeug. Plötzlich erscheint die schreckensbleiche Stewardess, ruft: „Ein Notfall! Ist ein Arzt an Bord?" … und A L L E Passagiere zeigen auf!

Sie sitzen im Flugzeug. Plötzlich erscheint die schreckensbleiche Stewardess, ruft: „Ein Notfall! Ist ein Pilot an Bord?"… und N I E M A N D zeigt auf!

Es bricht eine verheerende weltweite Pandemie aus, bei der Sie sich als Hausärztin oder Hausarzt bereiterklären, zusätzlich zu Ihrer normalen Arbeitsbelastung die Bevölkerung zu impfen – und als Dank werden Sie verpflichtet, jede Impfung auf einem zwölfseitigen Erfassungsbogen in mehrfacher Ausfertigung zu dokumentieren und diesen an das örtliche Gesundheitsamt zu faxen. Zum Glück ist diese Horrorvorstellung dermaßen absurd, dass Sie sich sicher sein können: Zu so einem Schwachsinn wird es niemals kommen …

WIE GUT SIND SIE IM UMGANG MIT DEM SKALPELL?

Bei einer Hüftgelenksoperation entdecken Sie in der Bauchhöhle der Patientin zufällig eine Luxus-Armbanduhr der Marke Breitling, die offensichtlich bei einem früheren Eingriff dort verloren wurde. Wie reagieren Sie?

 Sie freuen sich ein Loch in den Bauch und beschließen, in Zukunft bei J E D E M Hüftgelenkseingriff auch die Bauchhöhle zu öffnen. Vielleicht finden Sie so ja noch ein zur Uhr passendes Armband.

 Sie zeigen die Patientin wegen Diebstahls an.

 Sie nehmen die Uhr an sich und verstecken statt ihrer einen Scherzartikel in der Bauchhöhle. Falls Ihr Kollege auf der Suche nach seiner Uhr die Bauchdecke ein weiteres Mal öffnet und ihm plötzlich ein Springteufel oder – noch lustiger – ein aufziehbares Alien-Püppchen entgegenhüpft, verpassen Sie ihm auf diese Weise einen schönen Denkzettel.

Nach einer Hüftgelenksoperation mit geöffneter Bauchdecke vermissen Sie plötzlich Ihr Handy. Wie reagieren Sie?

A Sie rufen sich an. Klingelt es im Patienten, stauchen Sie ihn augenblicklich zusammen wegen Missachtung des in der Klinik herrschenden Handyverbots.

B Sie verordnen dem Patienten Elektroschocks, um den Ladezustand Ihres Handy-Akkus aufrechtzuerhalten. Jemand in Ihrer Position kann sich telefonische Unerreichbarkeit aufgrund eines leeren Akkus einfach nicht leisten.

C Sie aktivieren per Bluetooth die Freisprecheinrichtung und geben Ihrem Patienten den Tipp, als Bauchredner Karriere zu machen. Tut er das und ist dabei erfolgreich, fordern Sie ein Jahr später 95 Prozent Tantiemen ein.

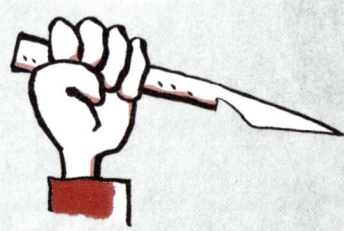

Nach einer durchzechten Nacht stehen Sie morgens im OP-Saal vor einer geöffneten Bauchdecke und haben plötzlich einen Blackout. Schlagartig wissen Sie mit den ganzen vielen bunten Organen vor Ihnen überhaupt nichts mehr anzufangen. Wie reagieren Sie?

 A Sie lassen sich eine Bloody Mary kommen in der Hoffnung, dass der Alkohol die Erinnerung an das, was Sie im Studium gelernt haben, wieder aufflammen lässt.

 B Sie lassen sich ein Glas Wodka kommen und mixen sich mit dem, was da vor Ihnen rumliegt, eine eigene Bloody Mary.

 C Um Ihre Unsicherheit zu überspielen und die Situation im OP etwas aufzulockern, basteln Sie aus dem Dünndarm des Patienten ein paar lustige Luftballonfiguren.

Nach einer Nasenkorrektur droht Ihnen eine Schadenersatzklage wegen eines schweren Kunstfehlers. Wie reagieren Sie?

 Sie behaupten, Körperteile im Stile des Kubismus würden sich als Schönheitsideal in Kürze durchsetzen.

 Sie verdoppeln die Rechnung, weil Sie sich mit dem Ergebnis Ihrer OP als Trendsetter begreifen.

 Sie bestreiten jegliche Fehlleistung, bieten aber als Wiedergutmachung dem betroffenen Patienten für seine nächste OP den Luxus einer Narkose an.

AUSWERTUNG

Buchstabe A zählt einen Punkt, Buchstabe B zwei und C zählt drei Punkte. Addieren Sie jetzt Ihre Punkte und entnehmen Sie das Testergebnis bitte untenstehender Tabelle.

4 BIS 6 PUNKTE: Sie haben 4 bis 6 Punkte erreicht. Nicht schlecht.

7 BIS 10 PUNKTE: Sie haben mehr Punkte als die, die nur 4 bis 6 Punkte erreicht haben. Nämlich 7 bis 10 Punkte. Sehr gut.

11 BIS 12 PUNKTE: Sie sind der King! Mehr Punkte geht nicht! Außer, Sie haben nur 11!

KLEINER KNIGGE

FÜR DEN UMGANG MIT IHREN PATIENTINNEN UND PATIENTEN

Ärztinnen und Ärzte haben einen harten, zeitintensiven Job. Dies ist auch der Grund, warum viele von ihnen nicht mal eine Sekunde für die sogenannte **zwischenmenschliche Kommunikation** aufbringen. Wir geben Ihnen an dieser Stelle einige Tipps, wie Sie den Kontakt zu Ihren Patienten ohne allzu großen Zeitverlust aufrechterhalten können.

Wenn Sie in ein Krankenzimmer kommen oder ein Patient Ihre Praxis betritt, wenden Sie die sogenannte **Begrüßung** an. Hierzulande hat sich ein fröhliches „Guten Morgen" oder „Guten Tag" als probates Mittel zur Kontaktaufnahme bewährt, im Süden der Republik neigt man zu „Grüß Gott". Werden Sie von einem Ihrer Patienten mit „Grüß Gott" angesprochen, können Sie die Stimmung mit einem flockig dahingeworfenen „Nicht doch, Doktor *Soundso* reicht" auflockern. Dieser launige Scherz funktioniert auch dann, wenn Sie tatsächlich glauben, dass Sie Gott sind.

Ihre Patienten und Patientinnen sind meist kranke Menschen, die sich von Ihnen Heilung oder zumindest eine Besserung ihres gesundheitlichen Zustands erhoffen. Um ihnen dieses Gefühl glaubhaft zu vermitteln, sollte man sie mit ihrem Nachnamen ansprechen. Der *Nachname* (z. B. Lehmann) ist das Wort, das in der Karteikarte hinter dem Vornamen (z. B. Thomas oder Heike) steht. Die Nennung des Nachnamens in Verbindung mit einem vorangestellten *Herr* oder *Frau* hat sich in der westlichen Welt als höfliche Form der **Anrede** durchgesetzt und erzeugt bei Ihren Patienten das Gefühl, dass Sie ihre

Krankengeschichte kennen. Auch wenn das völliger Blödsinn ist.

Viele Erkrankte legen großen Wert darauf, Ihnen vor der Untersuchung zu erzählen, was ihnen fehlt. Auch wenn Sie das als eine sonderbare Eigenart dieser Menschen ansehen, lohnt es sich doch oft, ihnen zuzuhören. Sonst kommt es zu Gesprächen wie diesem:

O R T H O P Ä D E*: *„Wo tut's denn weh?"*

P A T I E N T I N : *„Na ja, seit gestern hab ich unglaubliche Schmerzen im – – –"*

O R T H O P Ä D E : *„Okay, dann machen wir zuerst mal ein MRT und dann legen wir Ihnen ein paar Elektroden an die Oberschenkel, um die Durchblutung zu fördern ... Ciao."*

Wenn Sie so verfahren, ergeben sich zwei Probleme: Sie haben die Patientin vor den Kopf gestoßen und Ihnen ist vielleicht entgangen, dass sie nicht unter einer leichten Oberschenkelzerrung leidet, sondern unter einem schweren Bandscheibenvorfall.

Oft fragen Ihre Patienten Sie am Ende der Untersuchung nach der Diagnose. Dies ist extrem nervig, aber dennoch ein legitimes Anliegen, vor allem, wenn man halb bewusstlos in der Notaufnahme liegt.

---

* Der Begriff *Orthopäde* steht mittlerweile als Synonym für größtmögliche Effizienz. Grund dafür ist die Fähigkeit vieler Orthopäden, trotz minimaler Behandlungszeiten maximale Honorare abzurechnen.

Versuchen Sie also, die Fragen, die an Sie gerichtet werden, wahrheitsgemäß und in freundlichem Ton zu beantworten. Als **freundlichen Ton** bezeichnet man Antworten wie: „Sie haben vermutlich eine akute Blinddarmentzündung, aber Genaueres wissen wir erst, wenn Ihre Laborwerte da sind." Als **unfreundlichen Ton** bezeichnet man Antworten wie „Keine Ahnung! Kann ich hellsehen?" oder „Wenn du alles besser weißt, dann stell dir doch selbst die Diagnose, du Opfer!"

Falls Sie unsicher sind, wie man einen freundlichen von einem unfreundlichen Ton unterscheidet, schauen Sie im Internet eine Folge *Sendung mit der Maus* mit Moderator Christoph (freundlich) und danach einen Ausschnitt aus *Star Wars* mit Darth Vader (unfreundlich). Wenn Sie das nächste Mal mit einem Patienten oder einer Patientin sprechen, versuchen Sie eher den Ton von Christoph zu treffen.

Außerdem mögen es Patienten sehr, wenn man ihnen und ihrer Krankheit ein gewisses Interesse entgegenbringt mit einfachen Fragen der Kategorie „Wie geht es Ihnen?" oder „Haben Sie Schmerzen?" Eher kontraproduktiv wirkt ein Satz wie „Ich sehe schon, Frau Müller, alles ist bestens." Vor allem, wenn Sie, wie üblich, *gar nichts* gesehen haben: weder die Krankenakte noch die Patientin, die im Worst Case nicht mal Müller heißt.

Als Arzt müssen Sie oft schmerzhafte Wahrheiten mitteilen. Hier ist Empathie vonnöten. Als **Empathie** bezeichnet man die Fähigkeit, sich in die *Gefühlswelt* seines Gegenübers hineinzuversetzen, in Medizinerkreisen auch als *Emo-Scheiß* bekannt.**

Auch wenn Empathie manchmal unangebracht ist, in manchen Fällen kann ihr Fehlen lebensgefährlich sein. Zum Beispiel, wenn Sie in der Notambulanz einer Patientin zurufen: „Sie haben ja über 300 Blutdruck! Sie müssten längst tot sein!" Ähnlich problematisch sind auch manche Bemerkungen nach einer OP: „Wahnsinn! Sie sind der erste Patient, bei dem wirklich <u>alle</u> denkbaren Komplikationen eingetreten sind!" Oder: „Ich glaube, es ist auch in Ihrem Sinne, wenn wir Sie morgen wieder entlassen. Die meisten Menschen sterben lieber zu Hause."

Ein operativer Eingriff ist für jeden Betroffenen eine heikle Angelegenheit, vor der man sich zahlreiche Fragen stellt: Wache ich jemals wieder aus der Vollnarkose auf? Werde ich möglicherweise Opfer eines Kunstfehlers? Und ist es wirklich normal, dass der Chirurg vor der OP eine Flasche medizinischen Alkohol auf Ex trinkt, um dieses blöde Händezittern wegzukriegen? Aus diesem Grund sollten Sie Ihre Patientinnen und Patienten vor dem Eingriff **beruhigen**. Das bedeutet, dass Sie ihnen die Angst vor der Operation nehmen. Es bedeutet nicht, ihnen unmittelbar vor dem Eingriff mitzuteilen, dass sie sich durch eine verunreinigte Transfusion mit Hepatitis B, Malaria oder dem AIDS-Virus infizieren und durch

---

** Ebenso unbekannt wie *Empathie* ist für viele Ärzte der Begriff *Fingerspitzengefühl*. Viele glauben, es handle sich dabei um eine haptische Fähigkeit, die einzelnen Patienten abhandengekommen ist, weil sie das Schneideblatt ihres Rasenmähers wechseln wollten, ohne ihn vorher auszuschalten.

andere unvorhersehbare Ereignisse ihren Sehnerv, sämtliche Gliedmaßen und alle geistigen Fähigkeiten verlieren könnten. Der Zusatz, dass es sich dabei noch um die harmloseren Komplikationen handeln würde, macht es nicht besser.

Auch Eingriffe, die optional ohne Betäubung durchgeführt werden, sollten Sie nicht unterschätzen. Bei einer Darmspiegelung zum Beispiel kann es durchaus sinnvoll sein, die Betroffenen **vorher** davon in Kenntnis zu setzen, was ihnen gleich wider- oder besser: in sie hineinfahren wird. Vermeiden Sie dabei den Satz: „Es wird nicht wehtun". Dies gilt auch für das Einrenken einer ausgekugelten Schulter, das Ziehen mehrerer Zehennägel oder das Herausfräsen eines entzündeten Zahnhalses. Erwähnen Sie dabei auf keinen Fall, dass Sie diesen Eingriff gerade zum ersten Mal vornehmen.

Kommen wir zum letzten Punkt: die **Verabschiedung**. Sich verabschieden heißt nicht, wortlos aus dem Raum zu eilen. Stattdessen empfiehlt sich ein sogenannter *Abschiedsgruß*. Er wird in unserem Kulturkreis verwendet, wenn ein Mensch das Haus (oder die Praxis) verlässt und ein anderer dableibt. Neben dem jovialen „Tschüss" und dem distinguierten „Ade, gehabt Euch wohl" hat sich hierzulande vor allem die neutrale Redewendung „Auf Wiedersehen" etabliert. Der Zusatz „… obwohl ich ein Wiedersehen für sehr unwahrscheinlich halte" wird von den meisten Patienten eher negativ gedeutet.

Übrigens: Auch bei der Verabschiedung legen viele Menschen Wert auf **Höflichkeit**. Der Begriff steht

für das Einhalten gesellschaftlicher Konventionen, von denen man sich ein möglichst konfliktfreies zwischenmenschliches Miteinander erhofft. „Einen schönen Tag noch", „Weiterhin gute Besserung" oder „Wir sehen uns dann morgen" sind nur einige der zahlreichen Floskeln, mit dem Sie Ihren Patienten das angenehme, wenn auch irrige Gefühl vermitteln, dass Sie sie als gleichwertige Mitmenschen betrachten.

Wenn Sie in Zukunft einige dieser Tipps beherzigen, können Sie ohne größeren Aufwand den Anschein erwecken, dass sich unter Ihrem weißen Kittel keine schwarze Seele, sondern ein fühlendes Wesen verbirgt. Viel Spaß beim Üben!

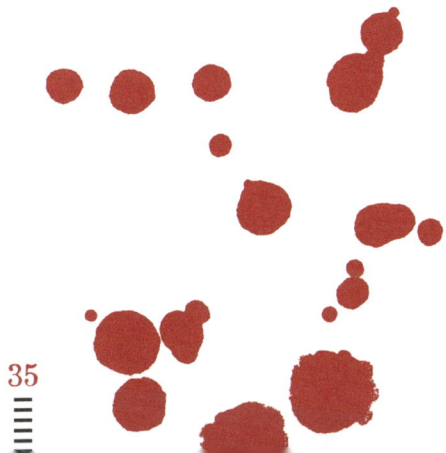

ZITATE VON BERÜHMTEN ÄRZTINNEN & ÄRZTEN

„Hiermit erkläre ich den Patienten für eröffnet."

(Der berühmte deutsche Chirurg Ernst Sauerbruch, als er das von ihm erfundene Verfahren zur operativen Öffnung des Brustkorbes erstmals anwendete.)

Der berühmte „Eid des Hippokrates" im Wortlaut:

„Hier an Eidesstatt gebe ich den Ärzten von Griechenland und der gesamten griechischen Öffentlichkeit mein Ehrenwort – ich wiederhole: Ich gebe Ihnen mein Ehrenwort! –, dass die gegen mich erhobenen Vorwürfe haltlos sind."

(Hippokrates schwor den Eid auf einer Pressekonferenz im Jahr 369 v. Chr., nachdem man ihm nachgewiesen hatte, dass er seinen Konkurrenten Asklepios durch gezielte Manipulationen öffentlich diskreditieren wollte. Hippokrates verlor alle seine Ämter. Kurz darauf wurde er in einem Athener Hotel tot in einem Badezuber aufgefunden.)

„Als Medizinerin hat man zu meiner Zeit doch nichts verdient. Ich war so arm, ich konnte mir nicht mal einen anständigen Nachnamen leisten."

(Hildegard von Bingen, 1098–1179, Begründerin der späteren „Hildegard-Medizin".)

„Ich war schon immer ein ziemlicher Aufschneider."

(Rudolf Virchow, Gründer der modernen Pathologie und bekannter Scherzbold, zu einer Gruppe von Studenten beim Sezieren einer Leiche.)

Dr. Viktor Frankenstein bei der privaten Tauffeier für das von ihm erschaffene Monster:

„Schwarzes Haar, wulstige Lippen und ein Gesicht, das von vielen Fäden zusammengehalten wird ... Ich taufe dich auf den Namen Cher."

„Ich brauch' dringend was! Und mein Über-Ich auch! Und mein Es erst recht!"

(Sigmund Freud zu seinem Apotheker, der durch Freuds Morphium-Bestellungen zum Millionär wurde, weil er immer dreifach abrechnen konnte.)

„Bei meiner Promotionsprüfung sah ich ziemlich alt aus."

(Dr. Ingeborg Rapoport, die dadurch berühmt wurde, dass sie ihr Promotionsverfahren im Alter von 102 Jahren abschloss.)

„So hab ich mir das nicht vorgestellt mit dem Untertauchen."

(Letzte Worte des Nazi-Arztes Josef Mengele, der im Februar 1979 in seinem brasilianischen „Exil" beim Schwimmen einen Schlaganfall erlitt und ertrank.)

„Nein, Troubadix, du wirst nicht singen."

(Dr. Mildred Scheel zu ihrem Mann, dem damaligen Bundespräsidenten Walter Scheel, als er ihr mitteilte, er wolle im TV auf einer Kutsche sitzend das Volkslied „Hoch auf dem gelben Wagen" trällern.)

„Ich bin kein Arzt – holt mich hier raus!"

(Dr. Bob aus der RTL-Dschungel-Show, der in Wirklichkeit Maskenbildner, Special-Effect-Künstler und immerhin auch Rettungssanitäter ist.)

DIE WAHRHEIT ÜBER ASSISTENZÄRZTE

Man hört oft vom leidgeprüften Dasein der Assistenzärztinnen und -ärzte an deutschen Kliniken. Jetzt endlich liegt eine groß angelegte Studie zu ihren Dienstzeiten vor. Die Ergebnisse sind alarmierend:

22 PROZENT der Ärztinnen und Ärzte gaben an, dass sie zum Zeitpunkt der Befragung seit mehr als 24 Stunden ununterbrochen im Dienst waren.

- -

29 PROZENT gaben an, dass sie seit mehr als 24 Stunden ununterbrochen besoffen waren.

- -

3 PROZENT gaben an, dass sie seit 24 Stunden im Dienst *und* besoffen waren, fügten aber hinzu: „Keine Angst, ich bin gar kein Assistenzarzt – ich bin Oberarzt der Chirurgie."

- -

6 PROZENT der Assistenzärztinnen und -ärzte gaben an, dass sie die Station seit Ende der Neunzigerjahre nicht mehr verlassen hatten.

- -

0,4 PROZENT waren scheinbar noch viel länger ununterbrochen im Dienst: Sie brachen in Tränen aus, als sie erfuhren, dass inzwischen ein Mittel gegen Tuberkulose entdeckt worden ist.

- -

99,9998 PROZENT antworteten: „Ich sehe in einer 36-Stunden-Schicht doch keine Ausbeutung – nur einen Vertrauensbeweis meiner Vorgesetzten. Diese unendlich wertvolle Erfahrung rechtfertigt jeden noch so geringen Lohn. Außerdem finde ich es genau richtig, dass diese Befragung von meinem Chefarzt persönlich durchgeführt wird."

- -

CORONA – EINE PANDEMIE DER ÜBERRASCHUNGEN

27. JANUAR 2020: In Deutschland wird der erste Fall einer COVID-19-Erkrankung diagnostiziert.

FEBRUAR 2020: Völlig überraschend verbreitet sich das Virus und es kommt zu einer ersten Infektionswelle. Die Regierung empfiehlt jedem Bürger, Masken zu tragen. Was zu diesem Zeitpunkt niemand wissen kann: Medizinische Masken sind nicht in ausreichender Zahl vorhanden. Die Regierung handelt und bestellt Masken. Wenig später wird publik, dass einige Politiker daran schamlos mitverdient haben, was viele ihrer Parteikollegen völlig überrascht.

MÄRZ 2020: Die Regierung verspricht jedem Bürger über 60 Jahre ein kostenloses Kontingent an FFP2-Masken. Was zu diesem Zeitpunkt niemand wissen kann: FFP2-Masken sind nicht in ausreichender Zahl vorhanden. Die Regierung handelt und bestellt FFP2-Masken. Wenig später wird publik, dass einige Politiker daran schamlos mitverdient haben, was viele ihrer Parteikollegen völlig überrascht.

MÄRZ BIS MAI 2020: Erster Lockdown. Zur effektiven Pandemiebekämpfung setzt die Regierung auf eine digitale Vernetzung der Gesundheitsämter. Völlig überrascht muss man jedoch feststellen, dass eine digitale Vernetzung nicht existiert.

JUNI BIS AUGUST 2020: Die Infektions-
zahlen sinken, es kommt zu drastischen Lockerungen.
Was niemand vorhersehen kann: Im Zuge der Lockerungen vermehrt sich das Virus wieder.

OKTOBER 2020: Für alle überraschend
mutiert das Virus. Noch überraschender kommt es
deswegen zu einer zweiten Welle. Völlig überraschend
droht in der Folge ein Mangel an Intensivbetten und
eine Überlastung des Gesundheitssystems.

DEZEMBER 2020: Beginn der Impf-
kampagne. Was zu diesem Zeitpunkt niemand wissen
kann: Der Impfstoff ist nicht in ausreichender Menge
vorhanden, da zu wenig bestellt wurde. So bleiben die
Impfzentren meist leer, was für viele eine große Überraschung darstellt.

JANUAR 2021: Völlig unvorhergesehen
kommt es zu einem zweiten harten Lockdown. Die
Regierung setzt nun vermehrt auf Testungen als Mittel zur Eindämmung der Pandemie. Überrascht stellt
man fest, dass es weder ausreichend Tests gibt noch
Zentren, in denen man sich testen lassen kann.

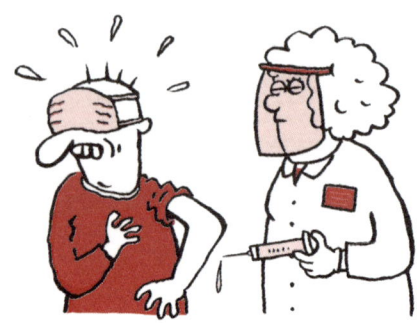

FEBRUAR 2021: In den Schulen wird die Testpflicht eingeführt. Was zu diesem Zeitpunkt niemand wissen kann: Es gibt deutlich mehr Schüler als Tests. So erweisen sich beispielsweise in NRW die bestellten 500.000 Tests als nicht ausreichend für die rund 2,5 Millionen Schüler, was für die Politik eine große Überraschung darstellt.

MÄRZ 2021: Für niemanden vorhersehbar ist plötzlich genügend Impfstoff vorhanden. Völlig überraschend erweist sich die Kapazität der Impfzentren für die nun verfügbare Menge an Impfstoff als nicht ausreichend. Wegen des unvorhersehbaren großen Andrangs gibt es zur großen Verblüffung der Verantwortlichen keine zeitnahen oder gar keine Impftermine.

APRIL 2021: Für alle überraschend kommt es nach dem Ende des zweiten Lockdowns zu einer dritten Welle. Was niemand wissen konnte: In der Folge droht ein Mangel an Intensivbetten und eine Überlastung des Gesundheitssystems. Um dem vorzubeugen, sollen nun auch die Hausärzte impfen, können es aber nicht, weil hierfür überraschend wenig Impfstoff vorhanden ist und zudem die Kühlschränke in den Praxen – für sämtliche Politiker völlig überraschend – die für die Lagerung benötigten Temperaturen von minus 60-90 Grad nicht erzeugen können. Die wenigen Ärzte, die impfen, werden in der Folge von ihren impfwilligen Patienten überrannt, sodass es für viele von ihnen verblüffender Weise keine Termine gibt.

MAI 2021: Für alle überraschend ist das Virus erneut mutiert und noch überraschender: Es vermehrt sich erneut exponentiell.

JULI BIS SEPTEMBER 2021: Wie aus heiterem Himmel kommt es zu einer Bundestagswahl. Um die Wähler nicht unnötig mit dem unschönen Thema Corona zu belasten, stellen alle Parteien und die Regierung ihren Kampf gegen die Pandemie ein. Was niemand vorhersehen kann: Das Virus vermehrt sich in der Folge ungehemmt, was völlig überraschend zu einer vierten Welle führt. In der Konsequenz droht ein nicht vorhersehbarer Mangel an Intensivbetten nebst einer Überlastung des Gesundheitssystems, von der sich alle völlig überrascht zeigen.

OKTOBER 2021: Nach der Schließung der Impfzentren Ende September zeigt sich die Politik von der Erkenntnis überrumpelt, dass Boosterimpfungen zwingend notwendig sind. Völlig überraschend: Die Boosterimpfungen können nicht im gewünschten Maße vollzogen werden, weil die Impfzentren mittlerweile geschlossen wurden. Unvorhergesehenerweise kommt es zu einer Überlastung der Hausärzte. Ihre Bereitschaft, die Impfungen alleine durchzuführen, sinkt überraschend rapide ab. Womit zudem niemand rechnen konnte: Die Impfquote ist bedeutend niedriger als erwartet, obwohl man im Vorfeld so gut wie keine niederschwelligen Angebote durchgeführt und auf ein persönliches Anschreiben verzichtet hat.

NOVEMBER/DEZEMBER 2021: Für alle überraschend ist das Virus erneut mutiert und vermehrt sich – für niemanden vorhersehbar – erneut exponentiell. Aufgrund der niedrigen Impfquote kommt es völlig überraschend zu einer fünften Welle und in der Folge erneut zu einem unerwartet auftretenden Mangel an Intensivbetten und einer Überlastung des Gesundheitssystems. Für die Politik nicht absehbar radikalisieren sich nun viele Impfgegner, nachdem man die Einführung einer zuvor explizit ausgeschlossenen Impfpflicht für das Frühjahr 2022 angekündigt hat. Zudem stellt die neue Regierung überrascht fest, dass für die groß angelegte Booster-Kampagne zu wenig Impfstoff bestellt worden ist.

JANUAR 2022: Völlig überraschend gibt es einen Lockdown light. Trotzdem kommt es zu einer sechsten Welle, von der sich viele überrascht zeigen.

Fortsetzung folgt …

Nur so viel sei verraten: Das Virus wird erneut mutieren. Und damit alle total überraschen.

SÄTZE, DIE MAN LEIDER SELTEN ODER NIE VON ÄRZTEN HÖRT

„Gehen Sie damit bitte in eine andere Praxis. Ich kann das nicht so gut."

„Natürlich tut das jetzt weh. Alles andere wäre gelogen."

„Ich will Ihnen das mal mit einfachen Worten so lange erklären, bis Sie die Diagnose auch wirklich verstanden haben. Wir haben alle Zeit der Welt."

„Ich zieh demnächst mit meiner Praxis aufs Land. Find ich prima."

„Pflegenotstand...? Was war das noch gleich? Helfen Sie mir doch mal auf die Sprünge."

„Sie sind gesetzlich versichert und brauchen noch diesen Monat einen Termin für ein MRT? Kein Problem. Kommen Sie einfach morgen vorbei!"

„ Nein, eine Kunststoff-Füllung reicht da völlig aus. Da brauchen Sie keine teure Keramikkrone. "

„ Ich fürchte, da brauchen Sie eine teure Keramikkrone. Aber keine Angst, ich erledige das für Sie mit dem Antrag für die Kostenübernahme. "

„ Natürlich habe ich die CT-Bilder aus der Radiologie bereits vorliegen. Wir sind komplett digitalisiert und hervorragend vernetzt. "

„ Auch ohne privat Versicherte komme ich mit meiner Praxis sehr gut über die Runden. "

„ In unserer Notfallambulanz gibt es keine Wartezeiten. Wir haben jederzeit genügend Personal hier. "

„ Ich sehe das auch, dass der Kollege da einen Kunstfehler begangen hat und ich bin selbstverständlich bereit, das nötigenfalls auch vor Gericht zu bestätigen. "

„ Sie können zum Impfen jederzeit und ohne Termin vorbeikommen. "

„ Für einen Folgetermin brauchen Sie nicht anzurufen. Den können Sie ganz bequem und ohne in der Warteschleife zu hängen auch online machen. "

KLEINE GESCHICHTE DER MEDIZIN

Die Geschichte der Medizin begann vor etwa 100.000 Jahren – und die Anfänge waren mühsam. Der Respekt, den die Heilkundigen des mittleren Paläolithikums bei den übrigen Mitgliedern ihrer Sippe genossen, war nämlich nicht besonders hoch. Dies lag erstens daran, dass es sowieso keine medikamentösen Hilfsmittel gab außer:

a) draufspucken
b) sich in Mammutscheiße wälzen.

Die meisten unserer Vorfahren waren der Ansicht, dass sie für die Anwendung dieser Hausmittel keine professionelle Hilfestellung benötigten. Der zweite – und entscheidendere – Grund für die mangelnde Anerkennung der Ur-Medizinerinnen und -Mediziner aber war, dass man bisher weder die lateinische noch die griechische Sprache erfunden hatte. Genauer gesagt: Man hatte noch nicht einmal *irgendeine* Sprache erfunden. Im Wesentlichen benutzte man zur Verständigung einen einzigen Grunzlaut, der sich in etwa anhörte wie „Grrrgch". Das reichte für alle

Lebenslagen. Für die Ärzteschaft bedeutete das: Die Patientinnen und Patienten konnten sie verstehen! Jedes Wort!! Kein Wunder, dass niemand die Medizin für was Tolles hielt. *

Hier eine typische Sprechstunde aus dem Jahr 90.000 v. Chr.:

> P A T I E N T I N : „Grrrgch." („Herr Doktor, ich fühl mich nicht so gut.")

> A R Z T : „Grrrgch." („Ich sehe eine Fraktur des Humerus unterhalb der Scapula, genauer gesagt des Processus coradoideus und mehrere Vulnera morsum felis, darunter eine Vulnus lacero-contusum cruris et discissio tendinis musculi tibialis anterioris, außerdem Läsionen, Kontusionen und Hämatome, offenbar alles hervorgerufen durch einen Smilodon-Angriff.")

> P A T I E N T I N : „Grrrgch." („Ich verstehe vollkommen.")

> A R Z T : „Grrrgch." („Ich empfehle eine Saliva-Adhibition sowie die Applikation von Mammuthus-Lutum.")

> P A T I E N T I N : „Grrrgch." („Klingt gut, vielen Dank für Ihre Expertise.")

---

* Aus diesem Grund wurde auch der Begriff „Halbgötter in Wollnashorn-fell" nie wirklich populär.

Ein paar tausend Jahre später allerdings besserte sich die soziale Situation der frühen Medicusse und dies verdankten sie einer bahnbrechenden Erfindung: dem Feuer. Nun waren sie nämlich in der Lage, Kräuter zu erhitzen und den Rauch einzuatmen, was zu neuen, revolutionären Diagnosetechniken führte. Hier eine typische Sprechstunde aus dem Jahr 30.000 v. Chr.:

> Ä R Z T I N : *„Ich sehe ... Geister, die die Seele angreifen ..."*

> P A T I E N T : *„Ist das nicht eher ein Biss – von vorhin, als mich der Säbelzahntiger angegriffen hat?"*

> Ä R Z T I N : *„Nein! Dämoooooooonen! Und die Geister des Waldes! Sie sind überall! ÜBERALL!!"*

> P A T I E N T : *„Oh Gott. Was soll ich tun?"*

> Ä R Z T I N : *„Die Geister besänftigen – durch Draufspucken und Sich-in-Mammutscheiße-Wälzen."*

Die Mediziner nannten sich nun Schamanen und für die nächsten 30.000 Jahre waren alle mit der Situation zufrieden. Dann kam die Antike und die Leute begannen, die Sache mit den Waldgeistern skeptisch zu sehen. Dazu kam, dass zwar endlich die griechische und lateinische Sprache erfunden worden war – aber zum Entsetzen der Ärzte sprachen die auch alle anderen:

A R Z T : *„Video fractio humeri sub processus coradoideus et vulnus lacero-contusum cruris et discissio tendinis musculi tibialis anterioris, etiamnum laesiones et contusiones. Commendo usus salivae et applicatio lutum elefantis. "*

P A T I E N T I N : *„Intellego totaliter."***

Das waren natürlich niederschmetternde Erfahrungen für die Ärzte. Im Laufe der Zeit entwickelte sich die Medizin weiter: Die Erreger für Pest, Tuberkulose, Cholera wurden entdeckt, ebenso Antibiotika. Röntgenstrahlen, Computertomografie und Ultraschall und die moderne Anästhesie und minimalinvasive Operationen führten die Medizin in ein neues Zeitalter. Die wichtigste Neuerung aber war: Die Leute hörten endlich auf, Latein und Griechisch zu lernen. Dadurch gewannen die Ärzte endlich die ihnen zukommende Anerkennung zurück. Hier eine typische Sprechstunde aus dem Jahr 2022:

P A T I E N T : *„Frau Doktor, ich ..."*

Ä R Z T I N : *„Ah, ich sehe schon: Eine Fraktur des Humerus unterhalb der der Scapula, genauer gesagt des Processus coradoideus und mehrere Vulnera*

** Deutsch: „Ich verstehe vollkommen."

morsum felis, darunter eine Vulnus lacero-contusum cruris et discissio tendinis musculi tibialis anterioris, außerdem Läsionen, Kontusionen und Hämatome.“

P A T I E N T : „???“

Ä R Z T I N : „Ich schreibe Ihnen ein ganz neu-artiges Medikament auf. Die Inhaltsstoffe wurden extrahiert aus menschlichem Speichel und Büffelkot.“

P A T I E N T : „Danke, Frau Doktor! Was würden wir nur ohne die moderne Medizin anfangen!?“

DIE KNOBELECKE

In der Notfall-Ambulanz einer Kleinstadt beträgt die Wartezeit am Wochenende durchschnittlich 153 Minuten. Wie lang wäre die Wartezeit, wenn nur WIRKLICHE Notfälle in der Ambulanz vorstellig würden und nicht hauptsächlich Patienten, die keine Lust haben, auf einen Termin bei ihrem Hausarzt zu warten?

A: Es gäbe gar keine Wartezeit mehr.

B: 84 Minuten.

C: Es bliebe bei 153 Minuten.

Richtige Antwort: A. Es gäbe keine Wartezeit mehr. Allerdings gäbe es auch keine Notfall-Ambulanz mehr, da man diese aufgrund der geringen Nachfrage innerhalb kürzester Zeit wegrationalisieren würde.

Aus dem Tagebuch eines Hausarztes

Gut die Hälfte ihrer Arbeitszeit verbringen Klinikärzte und -ärztinnen mit Dokumentationsaufgaben, heißt es. Aber auch Hausärzte bleiben vom mühseligen Dokumentieren nicht verschont. Einer davon hat eine Dokumentation seiner Dokumentationen angefertigt und uns anonym zukommen lassen. Hier ein Auszug.

12. MÄRZ 2022, 8.00 UHR: Erste Patientin heute – Frau Spillmann. Sie hat Schmerzen im Nierenbereich. Empfehle Ultraschalluntersuchung. Vorher muss sie den achtseitigen Anamnesebogen und die vierseitige „Einwilligungserklärung der Daten- und Befundübermittlung zur Abrechnungsstelle" ausfüllen.

8.20 UHR: Meine Sprechstundenhilfe kommt herein: Herr Wagner sitzt mit zwei gebrochenen Händen im Wartezimmer. Er hat große Schmerzen, aber noch größere Probleme, den Anamnesebogen auszufüllen. Sage, dass ich gleich Zeit für ihn habe.

8.30 UHR: Die Ultraschalluntersuchung bei Frau Spillmann ergab keinen auffälligen Befund. Zur genaueren Abklärung überweise ich sie an eine

Internistin. Brauche eine weitere Einwilligungs-erklärung von Frau Spillmann, damit ich den Befund und die Ultraschallbilder an die Kollegin weitergeben darf.

9.00 UHR: Frau Spillmann hat die zehnseitige Einwilligungserklärung ausgefüllt und die Praxis verlassen. Werde sie später zusammen mit dem Befund und den Ultraschallbildern an die Internistin schicken. Die Erklärung, nicht Frau Spillmann.

9.20 UHR: Habe den Befund geschrieben, muss ihn aber erst in die digitale Patientenakte einpflegen, bevor ich ihn an die Kollegin sende. Ein Schrei aus dem Wartezimmer lässt mich aufschrecken: Herr Wagner! Die Sprechstundenhilfe kommt herein und schaut mich hilfesuchend an: Aus Datenschutz-gründen dürfe sie den Anamnesebogen nicht für Herrn Wagner ausfüllen. Ich sage ihr, dass sie ihm ein starkes Schmerzmittel verabreichen soll. Herrn Wagner, nicht dem Anamnesebogen.

9.30 UHR: Die Software für die Patientenakte verlangt ein Backup, bevor ich weitere Daten einpflegen kann. Mache Backup.

10.00 UHR: Mache Backup.

10.10 UHR: Das Backup ist fertig.

10.11 UHR: Das Backup ist doch nicht fertig: „Ein Fehler ist aufgetreten."

10.12 UHR: Mache Backup.

10.24 UHR: Das Backup ist fertig. Kann jetzt die Daten einpflegen.

10.44 UHR: Die Daten sind eingepflegt. Das Wartezimmer ist jetzt rappelvoll und die ersten Patienten werden unruhig. Schicke den Befund und die Bilder an die Internistin. Die Sprechstundenhilfe kommt herein: Herr Wagner hat zu große Schmerzen, um die Einwilligungserklärung zur Verabreichung des Schmerzmittels auszufüllen.

10.45 UHR: Die Internistin ruft an. Sie hat den Befund gelesen, darf sich die Bilder aber nicht ansehen, da Frau Spillmann in ihrer Einwilligungserklärung zwar ein Kreuz bei „Datenweitergabe", aber leider keins bei „Datenspeicherung" gemacht hat.

11.00 UHR: Schlage der Kollegin vor, dass ich die Bilder ausdrucke und sie ihr faxe, da auf diesem Weg keine Datenspeicherung stattfindet. Sie kann sie sich dann ansehen, muss aber versprechen, sie anschließend sofort zu vernichten.

11.15 UHR: Habe die Bilder soeben gefaxt. Die Sprechstundenhilfe kommt herein: Herr Wagner hat trotz seiner beiden gebrochenen Hände die Einwilligungserklärung bei der Frage „Leiden Sie unter akuten Schmerzen?" wutentbrannt zerrissen. Verspreche, mich umgehend darum zu kümmern.

11.20 UHR: Die Internistin ruft an. Sie hat das Fax erhalten, allerdings habe ich wohl versäumt, sie direkt vorher anzurufen, um ihr mitzuteilen, dass sie gleich ein Fax von mir erhalten wird. Nur so sei sichergestellt, dass das Fax nicht in die falschen Hände gerät. Es tue ihr leid, aber sie müsse das Bild nun zerstören. Ich könne sie aber direkt im Anschluss anrufen und den Vorgang wiederholen. Ich stimme zu.

11.20 UHR: Rufe die Internistin an. Besetzt.

11.23 UHR: Besetzt.

11.24 UHR: Frei! Hurra! Dann ertönt die Warteschleifenmusik: „Zurzeit sind alle Anschlüsse belegt. Wir sind gleich für Sie da."

11.25 UHR: Es klingelt auf der anderen Leitung. Ein Patient will wissen, wo sein Heil- und Kostenplan bleibt. Verspreche ihm, mich umgehend darum zu kümmern, stelle jedoch nach acht Seiten fest, dass mir zur ordnungsgemäßen Fertigstellung des Plans ein Formular der Krankenkasse fehlt, das diese zwingend voraussetzt. Außerdem kann ich mich bei dem lauten Geschrei aus dem Wartezimmer nicht richtig konzentrieren.

11.50 UHR: Die Warteschleifenmusik der Internistin läuft immer noch. Rufe auf der anderen Leitung die Krankenkasse wegen des fehlenden Formulars an. Besetzt.

11.51 UHR: Besetzt.

11.52 UHR: Frei! Hurra! Dann ertönt die Warteschleifenmusik ...

11.53 UHR: Immerhin ... die Praxis der Internistin meldet sich. Ich teile der Sprechstundenhilfe mit, dass ich ihr jetzt sofort ein Fax schicke und sie darum bitte, es auf keinen Fall zu lesen oder auch nur anzuschauen. Bevor sie antworten kann, lege ich auf, stürme zum Faxgerät und sende die Bilder ab.

11.54 UHR: Die Sprechstundenhilfe ruft an und bedankt sich für das Fax. Es gibt allerdings ein Problem: Da sie das Fax digital empfangen habe und dies eine unsichere Übertragungsquelle darstelle, dürfe sie keine Bilder, die ihr auf diesem Weg zugestellt werden, an ihre Chefin weiterleiten, sondern müsse sie unverzüglich nach dem Erhalt löschen. Der Kiosk im Erdgeschoss verfüge aber noch über ein analoges Faxgerät ... alternativ bliebe der Postweg oder ein Fahrradkurier.

12.00 UHR: Rufe beim Fahrradkurier an. Besetzt.

12.02 UHR: Besetzt.

12.04 UHR: Frei! Dann ertönt die Warteschleifenmusik ... Lege auf.

12.07 UHR: Plötzlich zeitgleich zwei Anrufe auf den beiden Leitungen. Hurra! Bestelle das fehlende Formular und einen Fahrradkurier. Lege erleichtert auf.

12.10 UHR: Die Krankenkasse ruft an. Sie sehen sich im Augenblick außerstande, mir einen Fahrradkurier zu senden. Allerdings haben sie meine Anfrage zur vorläufigen Prüfung weitergeleitet und werden sich zeitnah zurückmelden.

12.11 UHR: Der Fahrradkurier ruft an. Sie haben meine Bestellung notiert, wollten aber noch mal sichergehen, welches der beiden relevanten Formulare ich meinte: das zur Einwilligung in den Transport datensensibler Dokumente oder das zur Einwilligung in die Speicherung und Verarbeitung meiner Firmenadresse? Lege schnell auf.

12.15 UHR: Meine Sprechstundenhilfe kommt herein: Die Krankenkasse hat ein Formular gefaxt, das ich ausfüllen soll, für den Fall, dass man bei der Kasse zu dem Ergebnis kommt, die Datenübermittlung zukünftig – wie gewünscht – per Fahrradkurier durchzuführen. Bevor ich etwas erwidern kann, teilt die Sprechstundenhilfe mir mit, sie habe das Formular vorsorglich vernichtet, da sie nicht ausschließen könne, dass die Kasse ein digitales Faxgerät benutzt. Im nächsten Moment dreht sich alles. Mir wird schwarz vor Augen …

12.30 UHR: Wache im Rettungswagen auf. Neben mir liegt Herr Wagner. Er schläft tief und fest. „Vermutlich eine Überdosierung des Schmerzmittels", meint der nette Sanitäter, der mir gerade den Blutdruck misst. Im Hintergrund höre ich das Piepen des EKG-Gerätes, an das ich angeschlossen bin. Der Sani lächelt mich an: Alles werde gut, sie würden mich jetzt in die Klinik bringen. Vorher müsse ich allerdings noch drei Formulare ausfüllen: die Einwilligungserklärung für den Transport, für die Behandlung und für die Weitergabe meiner Daten an die Klinik. Er hält mir ein Klemmbrett hin.

Das letzte, was ich höre, ist das monotone Piepen meiner Nulllinie …

BERÜHMTE DOKTOREN

DOC HOLLIDAY Bekannt für seine minimal-invasive Operationstechnik, zu deren Ausführung er in der Regel einen 38er Smith & Wesson-Revolver benutzte. Von ihm stammt der berühmte Satz: „Kleine Löcher – große Wirkung."

EMMET LATHROP „DOC" BROWN

Entwickelte den Fluxkompensator, ein Gerät, das es gar nicht gibt. Trotzdem wurde sein Einsatz alleine im Jahr 2021 über 2,3 Millionen Mal mit den deutschen Krankenkassen abgerechnet. Damit wurde der Fluxkompensator rein statistisch öfter für therapeutische Zwecke benutzt als ein MRT (2 Millionen Mal), aber geringfügig seltener als Doktor Proktors Pupspulver (über 3 Millionen Mal).

DOKTOR SOMMER Spezialgebiet Pickel und Bäbä untenrum. Veröffentlichte von 1969 bis 1984 in der Medizinfachzeitschrift *Bravo* Auszüge seiner Doktorarbeit zum Thema „Kann man von Küssen schwanger werden und wenn ja, wir kriege ich ein Kondom über die Zunge?"

DOKTOR JEKYLL Behandelte ausschließlich Privatpatienten. Kassenpatienten überließ er seinem Alter Ego „Mister Hyde" und legte damit den Grundstock für das heutige Zweiklassensystem in der Medizin.

DOKTOR DOLITTLE Kann mit Tieren reden und ist deshalb der einzige Arzt, der den Dünndarm eines Patienten mithilfe eines Bandwurms untersuchen kann. „Sag mal, Wurm. Um dich herum alles okay?" „Ja klar. Nur da vorne auf Höhe Darmmeter 12 ist 'ne kleine Entzündung." „Super, dann weiß ich Bescheid. Danke, Kollege." „Nix für ungut, aber sag dem Patienten mal, er soll was essen, krieg

hier drin langsam Kohldampf und bitte nicht wieder so einen Krankenhausfraß!"

DR. NO Vorsitzender der Organisation GOF-TER (Geheimorganisation für Terror, Erpressung und Rache), in der Wahrnehmung vieler Ärzte eine Art Vorläufer des Bundesgesundheitsministeriums.

DOCTOR SNUGGLES Zusammen mit seinen Kollegen *Dennis, dem Drachen,* und *Knabber, der Maus,* sorgte er Anfang der Achtziger dafür, dass es im deutschen Kinderfernsehen noch langweiliger zuging als im Wartezimmer einer Facharztpraxis für Geriatrie.

DR. HONIGTAU BUNSENBRENNER Zusammen mit seinen Kollegen von den *Muppets Laboratorien* vermittelte er mit seinen stets explodierenden Versuchsanordnungen den zuschauenden Kindern die für das Leben wichtige Erkenntnis, dass auch in der medizinischen Forschung längst nicht alles immer glattläuft.

DOC MARTENS ist eigentlich gar kein Doktor, sondern eine Schuhmarke. Aber trotzdem viel berühmter, als es die meisten Mediziner jemals sein werden und daher wert, in diese Liste mit aufgenommen zu werden.

DOKTOR RICARDA THOMASIUS
Endlich eine DoktorIN! Und was für eine! Als zwölfjährige Gärtnertochter rettete sie 1876 Graf von Freystetten das Leben, beschloss daraufhin, Medizin zu studieren, was für Frauen zu der Zeit aber noch gar nicht möglich war. Trotzdem schaffte Ricarda Thomasius es irgendwie bis zur Approbation, eröffnete eine eigene Arztpraxis, kämpfte erfolgreich gegen die Diphterie, verliebte sich, bekam viele tolle Kinder und wäre eine unfassbar glückliche und sehr erfolgreiche Ärztin gewesen. Wenn da nicht plötzlich dieses dunkle Geheimnis aus ihrer Vergangenheit aufgetaucht wäre, das drohte, ihr alles zu nehmen. Ihre packende Lebensgeschichte hat die rastlose Ärztin in drei Autobiografien veröffentlicht: „Das Licht der Welt", „Stürme des Lebens" und „Die Wiege der Liebe". Unbedingt empfehlenswert für alle, die sich ein realistisches Bild über den Alltag ärztlicher Arbeit machen möchten!

SKURRILES
AUS DER MEDIZIN

➥ Die grässlichste Bruchverletzung aller Zeiten zog sich 1886 ein Mann in Paris zu. Bei dem Versuch, einen Nagel in ein Brett zu hämmern, brach sich der angehende Schreinermeister mit einem Schlag 143 Mal die Phalanx distalis des linken Daumens. Man könnte auch sagen: Das Ding war Matsch. Die aufwendige Schienenkonstruktion, die nötig war, um den Brei wieder halbwegs in Daumenform zu bringen, inspirierte wenig später Gustave Eiffel zum Bau des Eiffelturms.

➥ Auf einem Quadratzentimeter Mundschleimhaut tummeln sich rund 150.000 Lebewesen. Damit liegt die Bevölkerungsdichte in einem menschlichen Mund geringfügig über der von Mumbai. Trotzdem sind in Mumbai die Mieten höher.

➥ 25.000 Euro Schmerzensgeld musste eine Kieferorthopädin aus Stuttgart bezahlen. Eine von ihr angefertigte festsitzende Zahnspange aus Metall empfing im Mund des Patienten den Radiosender Uncle Joe's Music und sorgte so dafür, dass der Mann fünf Jahre lang rund um die Uhr Dixieland hören musste.

Dabei hatte die Kieferorthopädin noch Glück: Hätte es sich bei dem empfangenen Radiosignal um einen Volksmusiksender gehandelt, wäre laut Ansicht der Richter ein Schmerzensgeld der zehnfachen Höhe gerechtfertigt gewesen.

Pech für den Patienten: Der Beitragsservice der öffentlich-rechtlichen Rundfunkanstalten prüft zurzeit, ob eine Gebührennachzahlung wegen des nicht angemeldeten Radioempfängers in seinem Mund geltend gemacht werden kann.

ERINNERUNG AN EINEN DICHTENDEN MEDIZINER

Tschechow, Büchner, Conan Doyle, Döblin – die Literaturgeschichte ist voller Mediziner, die das Skalpell mit der Feder vertauschten. Wir wollen uns an einen von ihnen erinnern: Waldemar Knofel (1929–2018), Arzt und Dichter, ein Epigone Gottfried Benns, welcher die Einschätzungen über seinen Berufsgenossen in der ihm eigenen Lakonie auf einen Nenner brachte, als er um das Jahr 1950 herum sagte: „Knofel? Kenn ich nicht. Was ist das denn für ein bescheuerter Name?!"

Zu diesem Zeitpunkt hatte Waldemar Knofel sein Medizinstudium schon fast abgeschlossen, aber schon lange die Liebe zur Dichtkunst in sich entdeckt. Ende der Vierzigerjahre traute er sich erstmals ans Licht der Öffentlichkeit und konfrontierte die junge Nachkriegsrepublik mit seinem zornigen Frühwerk, in dem er seine Praktikumszeit in der Podologie verarbeitete:

„Ach und weh – Aua am Zeh".

Roh und unbehauen in der Form, hielt Knofel hier exemplarisch dem Deutschland der Wiederaufbaujahre einen Spiegel vor. Kein Wunder, dass er ein extremer Außenseiter blieb.

1951 versuchte er, der Gruppe 47 beizutreten. Auf deren jährlichem Treffen stellte er – uneingeladen – seinen soeben fertiggestellten dentallyrischen Versuch vor:

„Rubbeldikatz – Zahnersatz".

Doch Knofel fiel mit seiner Lesung durch: Günther Eich, der Scherzbold der Gruppe, hatte Knofel ein extrem klebriges Karamellbonbon angeboten, sodass dieser nur bis „Rubbeldi" kam und den Höhepunkt des Poems schuldig bleiben musste, während er verzweifelt versuchte, mit den Fingern die Karamellmasse aus seinen Zahnzwischenräumen zu pulen. Heinrich Böll schilderte die Szene später in seinen Memoiren als „das unwürdigste Schauspiel, dem ich jemals beiwohnen musste."

Somit blieb der kommerzielle Erfolg aus und Knofel weiter als Stationsarzt im Kreiskrankenhaus Bückeburg tätig. Die gesamten Fünfzigerjahre hindurch widmete er sich dem, was heute als die „Jetzt-odernie-Trilogie" in den Kreisen seiner Anhängerinnen und Anhänger legendären Status erlangt hat. Hier schildert er die Wirklichkeit des Klinikalltags in radikaler Poesie und kritisiert zugleich die Rückständigkeit seiner Kollegen. Zuerst erschien 1954 das revolutionäre Hauptwerk:

„Jetzt oder nie – Koloskopie".

Hier legte Knofel mit bis dahin unerreichter Virtuosität symbolisch eine schonungslose Anklage gegen die innere Lähmung in der Wirtschaftswunderzeit vor. Im Folgejahr verschärfte sich sein

Tonfall, als er einer unverständlicherweise völlig des-
interessierten Öffentlichkeit den zweiten Teil der
Trilogie vorlegte:

„Jetzt oder nie – Gastroenterologie".

Der ausbleibende Erfolg entmutigte Knofel nicht,
auch wenn er sich für mehrere Jahre aus dem hek-
tischen Literaturbetrieb zurückzog, um sich dem
dritten und finalen Teil der großen Trilogie zu wid-
men. 1959 schließlich hatte er den letzten Feinschliff
beendet und schenkte der Welt jene visionäre Zeile,
in der er die Zukunft vorwegnahm und zugleich versuchte, seine Kollegen und uns alle aufzurütteln:

„Jetzt oder nie – Dopplersonografie".

Auch diesmal aber blieb Knofels Stimme ungehört. Anfang der Sechzigerjahre versuchte er noch einmal, in die Gruppe 47 aufgenommen zu werden. Diesmal kaufte er sich eine Pfeife und einen falschen Schnäuzer und gab sich als Günter Grass aus, doch als Nichtraucher reizte ihn der Pfeifenrauch zu zahlreichen verdächtigen Hustenanfällen. Die Ankunft des echten Günter Grass verschlimmerte die Lage dann noch, zumal dieser vor einem eilends zusammengestellten Autoren-Tribunal zahlreiche Fragen aus seinem Privatleben korrekt beantworten konnte (auf diese Art erfuhren Wolfdietrich Schnurre und Uwe Johnson endlich, wer der Unbekannte war, der ihre Gattinnen flachgelegt hatte).

Diese Rückschläge trieben Waldemar Knofel mehr und mehr dazu, die Tiefen der Seele zu erforschen. Dabei beobachtete er die erschreckenden Zustände in psychiatrischen Kliniken. Diese Beschäftigung gipfelte Anfang der Siebzigerjahre in einem epochalen Gedicht mit dem Titel „Postnatale Depressionen, ein Behandlungskonzept":

> **„Eine Pille und acht Bierchen**
> **Geben Mami ihr Pläsierchen.**
> **Und nuckelt der Säugling an der Mamille,**
> **Ist er ebenfalls schnell knülle."**

Der unverstellt-resignierte, gleichsam erbarmungslose Blick, den der Poet hier auf die Missstände der klinischen Psychiatrie und damit auch auf unsere gesamte Gesellschaft warf, brachte ihm bundesweite Ablehnung ein, die sich in totaler Nichtbeachtung manifestierte. Knofel seinerseits spürte das langsame Erlahmen seiner schöpferischen Kraft und widmete sich mit mehr Ehrgeiz als je zuvor seiner medizinischen Karriere als niedergelassener Arzt im Hochsauerlandkreis. Nur noch einmal trat er aus dem Dunkel der Vergessenheit mit einem melancholischen Alterswerk:

> **„Mann, Sie haben doch wirklich nur**
> **Leicht erhöhte Temperatur" (1998).**

Wieder der Blick des Mediziners, doch diesmal versöhnlich, sanft-ironisch, oder – wie seine Kritiker sagen würden – abwieglerisch. Ein letztes Aufbäumen des Altmeisters, doch ohne die innovative, bilderstürmerische Kraft, die seine Werke über Dekaden ausgezeichnet hatte. Für die breite Öffentlichkeit war Knofel jetzt schon tot.

Im Februar 2018 schied Waldemar Knofel, der „Kunstfehler der Poesie", freiwillig aus dem Leben, indem er ein Spekulum verschluckte, das er aus der Praxis eines befreundeten Gynäkologen entwendet hatte. Ganz, wie er es in einem Frühwerk aus dem Jahr 1949 vorausgesehen hatte:

> **„Das Spekulum, das Spekulum,**
> **Das schmeckt nicht gut und bringt mich um."**

Wir erschauern.

PSYCHOTEST
FÜR ANGEHENDE PSYCHIATERINNEN UND PSYCHIATER

Viele Ärztinnen und Ärzte sind unsicher, in welche Richtung sie sich am Ende ihrer Ausbildung spezialisieren sollen. Für alle jene, die in Betracht ziehen, eine Karriere in der Psychiatrie einzuschlagen, hier ein Test, der Ihnen sagen soll, ob Sie die richtige Wahl getroffen haben.

Frage 1: Was war früher Ihre liebste Comicfigur?

a Donald Duck.

b Tim und Struppi.

c Das schmetterlingsartige Tintenklecksmonster aus dem Rohrschach-Test.

Frage 2: Sie sind als Kind von Ihren Eltern beim Süßigkeitenklauen erwischt worden.
Auf wen haben Sie die Schuld abgeschoben?

a Auf Ihre Schwester. Sie selbst haben ja nur Schmiere gestanden.

b Auf die Eltern. Hätten sie nicht die Süßigkeiten versteckt, wäre es nie zu diesem Diebstahl gekommen.

c Auf Ihr Über-Ich, das als moralische Kontrollinstanz versagt und sich mit Ihrem triebhaften *Es* verbündet hat. Das bewies damals eindeutig, dass Sie von jeder Schuld freizusprechen waren.

Frage 3 (für Frauen): Wie verlief Ihr erstes Date mit einem Jungen?

a Das Date war ein Reinfall: Ich war sehr schüchtern und habe kaum ein Wort herausbekommen.

b Das Date war ein Reinfall: Ich war extrem draufgängerisch und habe mich komplett danebenbenommen.

c Das Date war ein voller Erfolg: Bei dem Jungen lag eine faszinierende psychiatrische Störung vor – ein schwerer Mutterkomplex zusammen mit einer Reihe von neurotischen Symptomen. Ich führte eine sorgfältige

Anamnese durch und konnte ihm
die Namen einiger angesehener
Therapeuten nennen und so eine Erfolg
versprechende Behandlung einleiten.

Frage 4 (für Männer): Was dachten Sie, als Sie nach dem ersten Sex mit einem Mädchen im Bett lagen?

a Hurra, jetzt bin ich endlich
ein Mann!

b Ich glaube, es war richtig, das
Gespräch über meine Mutter-Fixierung
auf nachher zu verschieben.

c O mein Gott, erst habe ich Sex mit einer
Frau und jetzt rauche ich auch noch diese
Zigarette, die ganz offensichtlich ein
Phallussymbol ist! Was stimmt nicht mit
mir?? Bin ich ein triebhaftes Schwein?

Frage 5: Was ist Ihr Lieblingssprichwort?

a Des einen Leid, des
anderen Freud.

b Jung gefreit,
stets bereut.

c Wenn die Hühner zu lustig werden,
ist der Adler nicht weit.

d Arm und Reich, der Tod macht
alle gleich.

Richtig sind:

Frage 1–3: Antwort c), Frage 4: Antwort b) oder c),

Frage 5: Antwort a), b), c) und d).

Für jede Frage mit mindestens einer richtigen Antwort gibt es einen Punkt.

0–1 Punkte: Himmel, Sie können eine bipolare Störung nicht von einer Sommergrippe unterscheiden. Wie kommen Sie auf den Gedanken, Sie hätten Eignung zum Psychiater oder zur Psychiaterin? Sie sollten sich mal untersuchen lassen!

2–5 Punkte: Nicht schlecht, offensichtlich haben Sie das Zeug dazu, in der Psychiatrie tätig zu werden. Darauf ein paar gute Tröpfchen Neurocil!

6 Punkte: Sex Punkte?? Ach ja?! So viele Punkte gibt es gar nicht! Offensichtlich sind Sie zwanghaft auf Sex fixiert, Sie Ferkel. Glückwunsch – Sie sind perfekt für den Job!

INTERVIEW MIT
SIGMUND FREUD

Psychiater und Psychiaterinnen haben von Jahr zu Jahr mehr zu tun. Das liegt an der fortschreitenden Verweichlichung der Gesellschaft. In den 1950er-Jahren hörte man noch Sätze wie: „Deine Frau und die vier Kinder sind bei einem Unfall ums Leben gekommen? Kein Grund, dich hängen zu lassen." Heute ist schon ein kleiner Kratzer im Neuwagen ein legitimer Grund, sich einer mehrjährigen Psychotherapie zu unterziehen. Schuld an dieser Entwicklung ist Sigmund Freud, der Anfang des 20. Jahrhunderts die westliche Welt von einer unreflektierten, aber glücklichen in eine reflektierte, aber völlig depressive Gesellschaft verwandelt hat. Anlass genug, mal mit dem Mann zu reden.

Guten Tag, Doktor Freud. Gleich zu Beginn eine etwas persönliche Frage: Dieses Bärtchen, das Sie tragen, das kennt man doch sonst nur von asexuellen Wesen wie Englischlehrern oder gewerkschaftsnahen SPD-Politikern.

Das stimmt, aber unerklärlicherweise fliegen die Wiener Weiber auf so was. Ich vermute, der Bart erinnert sie an ihre Väter.

Der klassische Ödipuskomplex …

> *Keine Ahnung. Ich hab' den Ödipus nie
> gelesen, aber ich fand, zusammen mit
> „Komplex" klingt der Name einfach
> super. Und warum die Weiber mit mir
> in die Kiste gehen, ist mir ehrlich gesagt
> ziemlich schnurz. Hauptsache, sie tun's.*

Das gilt offenbar auch für Ihre Frau
Martha, mit der Sie ein halbes Dutzend
Kinder in die Welt gesetzt haben. …
Doktor Freud, sind Sie sexbesessen?

> *Überhaupt nicht. Ich hatte ja noch
> nie Sex, weder mit Martha noch mit
> irgendwelchen anderen Frauen.*

Wie jetzt?

> *Das war mein „Es", das kleine Ferkel.
> Wenn das „Es" die Überhand gewinnt,
> dann wird geschnackselt, bis der Arzt
> kommt. Aber das bin nicht ich.*

Verstehe. Wo wir gerade beim Triebhaften
sind. Ihnen wird auch eine gewisse
Affinität zu Drogen nachgesagt.

> *Affinität ist was für Amateure. Ich bin*
> *Profi! Ich kokse und spritze, bis die*
> *Synapsen qualmen! Sonst wäre ich doch*
> *nie auf so abgefahrene Wörter gekommen*
> *wie „Triebsublimation" oder „Analphase".*

Sie haben noch eine Sucht. Man sagt,
Sie rauchen 20 Zigarren am Tag ...

> *Das ist keine Sucht. Zigarren sind ein*
> *Phallussymbol und durch das Rauchen*
> *verbrenne ich sinnbildlich zwanzig*
> *Mal am Tag einen Phallus. Das wirkt*
> *Wunder gegen meinen Penisneid.*

Ach? Ich dachte, den haben nur Frauen.

> *Normalerweise schon. Aber neulich hab'*
> *ich meinem Kollegen C. G. Jung zufällig*
> *beim Pinkeln auf seine Gewürzgurke*
> *geschaut. Dagegen sieht eine Boa*
> *Constrictor aus wie eine Blindschleiche.*
> *Auf das Teil wäre jeder Mann neidisch.*

Und Sie sind ganz sicher nicht sexbesessen?

> *Mein Gott! Haben Sie denn*
> *kein anderes Thema?!*

Doch, klar. Sie haben von den drei großen
Kränkungen der Menschheit gesprochen:
Durch Kopernikus haben wir erfahren,
dass die Erde nicht der Mittelpunkt des
Weltalls ist, durch Darwin, dass wir vom

Affen abstammen und durch Sie, dass
wir nicht einmal mehr Herr über uns
selbst sind. Daran möchte ich zwei Fragen
anknüpfen: Welche Kränkung war die
schlimmste? Und: Sind Sie sexbesessen?

*Jetzt reicht's! Was denken
Sie sich eigentlich?*

Ich denke gar nichts.

*Sagen Sie **mir** nicht, was **Sie** denken.*

Na gut ... Sie sind also nicht sexbesessen?

*Nicht im mindesten. Sie können
mich gerne testen.*

Okay. Ich gebe Ihnen ein Stichwort
und Sie assoziieren einfach drauflos.

Nur zu.

Erstes Stichwort: „Maria".

Jungfrau.

„C. G. Jung".

Riesenpimmel.

„Freudscher Versprecher".

Gibt es nicht.

„Drei plus vier".

Sex.

Doktor Freud, danke für das Gespräch.

Titte.

ENDLICH DA!

DAS INTERNETPORTAL
ZUR BEWERTUNG VON PATIENTEN

Auf Bewertungsportalen wie jameda oder sanego haben Patienten und Patientinnen schon lange die Möglichkeit, ihre Meinung über die Qualität der sie behandelnden Mediziner der Öffentlichkeit zukommen zu lassen. Oft finden sich dort Bemerkungen wie „kompetent", „freundlich" oder „schöne Musik im Wartezimmer", aber leider auch Kritisches wie „arrogant", „riecht nach Schnaps" oder „trotz zweimaligem Besuch bei diesem Stümper bin ich mein Magengeschwür immer noch nicht los".

Und die Ärzte und Ärztinnen? Bis jetzt mussten sie ihre Patienten behandeln, ohne im Vorfeld in Erfahrung bringen zu können, wer da genau ihre Praxis betritt. Doch das ist ab sofort vorbei. Auf patientencheck24 haben Mediziner endlich die Gelegenheit, ihre Kundschaft zu bewerten und so ihre Kollegen und Kolleginnen vor potenziellen Problemfällen zu warnen. Wir haben das neuartige Portal besucht und nachgesehen, wie es um die Qualität der Patienten im Großraum Köln bestellt ist.

SA█NE KRAUTHÄUSER, BARMER – VERSICHERTEN-NR. B589147638

Unmöglich! Auch als alleinerziehende Mutter muss man doch in der Lage sein, die aus fünf (!) schreienden Blagen bestehende Brut irgendwo abzustellen, wenn man zum Arzt muss. Nicht so Frau Krauthäuser! Das Wartezimmer sah nach ihrem Besuch aus wie ein explodierter Picasso und meine Sprechstundenhilfe ist heute noch damit beschäftigt, Fruchtbonbonreste von den Sitzen der Stühle zu kratzen. Nie wieder!

1 von 5 Spritzen

(Dr. med. Brüning, Internistin)

MA█RED BRUCKSCHEN, TK – VERSICHERTEN-NR. E249671354

Zunächst machte der Patient einen guten Eindruck. Allerdings zeigte sich schnell, dass der Begriff „Körperpflege" in seiner gedanklichen Welt genauso wenig Platz findet wie die Begriffe „Zweckmäßige Verwendung von Antitranspiranten" und „Waschmaschine", so dass die Untersuchung zu einer olfaktorischen Tour de Force ausartete. Finger weg!

1 von 5 Spritzen

(Birgit Wagner, Allgemeinmedizinerin)

Kann mich der vorhergehenden Bewertung nur anschließen. Mit einem Trick ist es aber möglich, eine nähere Inaugenscheinnahme von Herrn Bruckschen etwas angenehmer zu gestalten: Einfach eine OP-Maske aufsetzen, die man vorher satt mit stark riechendem

* (Anmerkung: Um keine Persönlichkeitsrechte zu verletzen und eine weitere ärztliche Versorgung der bewerteten Personen nicht zu gefährden, haben wir Teile der Vornamen unkenntlich gemacht.)

Zitronenöl oder flüssigem Tigerbalsam beträufelt. Zur Not geht auch Tsatsiki. Von daher: gut gemeinte

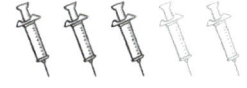

3 von 5 Spritzen

(Hausarztpraxis Dres. Heiberg)

HE███UTH WINKELDORF, DAK – VERSICHERTEN-NR. T761953428

Sehr angenehm und kompetent! Während der Untersuchung konnte Herr Winkeldorf alle meine Fragen, die ich zum Vergaserproblem meines Bugatti Typ 57 Baujahr 1937 hatte, ausgiebig beantworten. Er war sogar in der Lage, mir den Kontakt zu einer Spezialwerkstatt zu vermitteln. Eine absolute Empfehlung für alle motorsportliebenden Ärzte!

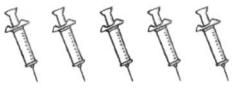

5 von 5 Spritzen

(Dr. Dr. Oliver Rohde, Praxis für Orthopädie)

Stimme der vorangehenden Empfehlung zu! Herr Winkeldorf kennt sich nicht nur mit Oldtimern der Marke Bugatti exzellent aus, sondern kann auch wertvolle Hinweise geben, wie man die Kupplung eines Lamborghini Miura optimal einstellt. Geheimtipp von daher auch von mir

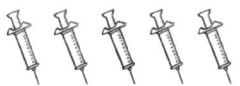

5 von 5 Spritzen

(Prof. Dr. Michael Wagner, Praxis für ästhetische Kieferchirurgie)

MAR███RETHE WEFERMANN, AOK – VERSICHERTEN-NR. F492436671

Eine Frechheit! Die Wohnung von Frau Wefermann liegt verkehrstechnisch äußerst ungünstig. Bei einem

Hausbesuch habe ich über 40 Minuten einen Parkplatz gesucht und war schließlich gezwungen, in ein Parkhaus zu fahren. (2 Euro 50 die Stunde!) Schlecht! Darüber hinaus reagierte Frau Wefermann auch noch ungehalten, weil ich wegen der Parkplatzsuche eine Stunde zu spät kam und sie bat, das nächste Mal zu mir in die Praxis zu kommen. Regelrecht pampig wurde sie aber, als ich sie um die Erstattung der Parkgebühren bat. Dabei bediente sie sich eines Vokabulars, das ich einer 96-Jährigen niemals zugetraut hätte! Die Sache wird wohl vor Gericht enden. Eine einzige Enttäuschung und nicht zu empfehlen!

1 von 5 Spritzen   (Dr. med. Senftenberg, Allgemeinmediziner)

GÜN███ER SCHMIDT, PRIVAT VERSICHERT

Ich bin begeistert! Der Patient arbeitet wirklich mit. Egal, welche Untersuchung ich vorschlage – ob sinnvoll oder nicht – Herr Schmidt willigt in alles ein und scheint keinerlei Bedenken zu haben, ob seine Versicherung die Kosten übernimmt. Hier lohnt es sich, am Ball zu bleiben! Einziger Nachteil: Der Mann ist leider kerngesund. Trotzdem:

4 von 5 Spritzen   (Dr. med. Wiehl, Praxis für Orthopädie)

NI█████LE NEUHAUSER, TK – VERSICHERTEN-NR. D815692238

Sehr, sehr anstrengend! Frau Neuhauser hinterfragt wirklich alles! Zudem bestand sie nach der Untersuchung auf einen Arztbrief mit dem aktuellen Befund, um sich woanders eine Zweitmeinung einzuholen. Zu allem Überfluss ist sie sehr skeptisch gegenüber Gerätemedizin jeglicher Art und verlangt – so es mal zu einem Rezept kommt – ausschließlich billige Generika, sodass wir bei unseren Marken-Pharmavertretern schon in Erklärungsnot geraten sind! Ruft mehrmals am Tag an und blockiert so die Leitung, weil sie angeblich eine Überweisung braucht. Nur bedingt empfehlenswert.

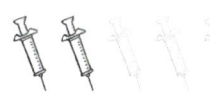

2 von 5 Spritzen

(Dres. Weyers, Gemeinschaftspraxis für Allgemeinmedizin)

A██XANDER KOPPE, BARMER –
VERSICHERTEN-NR. G749633512

Herr Koppe ist ein sehr guter Patient, dem man seine jahrelange Erfahrung im Umgang mit Ärzten sofort anmerkt. Er ist telefonisch immer gut erreichbar und verliert auch nach der dritten Terminverschiebung nicht die Fassung. Beim persönlichen Erscheinen in der Praxis zeigte er sich sehr gut vorbereitet. Er musste nicht umständlich seine Versichertenkarte suchen und konnte sogar einen bereits ausgefüllten Anamnesebogen vorweisen. Vorbildlich! Während der Untersuchung stellte Herr Koppe nicht eine einzige Frage, sodass ich fast schon dachte, ich sei alleine. Herrlich! Aber das Beste: Obwohl sich während der Untersuchung mein Verdacht auf eine Niereninsuffizienz erhärtete, bestand er nicht auf eine Diagnose, sodass die ganze Sache maximal zehn Minuten in Anspruch nahm. Gerne wieder!

4 von 5 Spritzen

(Dr. med. Zemann, Internist)

DIAGNOSEN·ARZT

Heute vertrauen viele Menschen nicht mehr der Ärzteschaft, sondern lieber Google. Einfach Symptome eingeben, fertig ist die Diagnose! Und sie haben vermutlich recht, denn was zählt schon die Erfahrung eines einzelnen Mediziners gegen das endlose Wissen

SYMPTOME	DIAGNOSE ARZT/ÄRZTIN
Kribbeln in der Nase, Anschwellen der Nasenschleimhaut, Absonderung eines Sekrets	Schnupfen *Empfehlung:* Schnäuzen
Kribbeln im Hals, Hustenreflex	Husten *Empfehlung:* Abwarten
Leichte Kopfschmerzen	Leichte Kopfschmerzen *Empfehlung:* Aushalten
Roter Fleck auf der Haut	Pickel *Empfehlung:* Ausdrücken
Blähungen	Zu viel fettiges Essen *Empfehlung:* Weniger fettiges Essen
Gewichtszunahme	Zu viel Essen *Empfehlung:* Weniger Essen
Mundgeruch	Schlechte Zahnhygiene *Empfehlung:* Zähneputzen
Abgetrenntes Bein, multiple Rippenbrüche, harter Abdomen, Kreislaufschock, nicht ansprechbar	Schwere innere und äußere Verletzungen nach Motorradunfall. *Empfehlung:* Sofortiges Aufsuchen der Notaufnahme.

VS. GOOGLE

einer weltweit agierenden Suchmaschine?
Hier ein Überblick der häufigsten Symptome
und der jeweiligen Diagnosen mitsamt der
indizierten Empfehlungen:

DIAGNOSEN GOOGLE

Austreten von Hirnflüssigkeit aufgrund eines Defekts zwischen Schädel und Nase, dadurch Gefahr einer Hirnhautentzündung.
Empfehlung: Abklärung in Spezialklinik durch CT, MRT, Röntgen, ggf. Not-OP.

Akuter Asthmaanfall, Chronisch obstruktive Lungenerkrankung (COPD), Lungenembolie.
Empfehlung: Sofortiges Aufsuchen der Notambulanz.

Schädelfraktur, Hirntumor.
Empfehlung: Abklärung durch CT, MRT.

Einstichstelle eines als Impfung getarnten Chip-Implantats.
Empfehlung: Sofortiges Aufsuchen einer esoterischen Naturheilpraxis, Manuelle Entfernung der Chips.

Blähbauch durch Einatmen von Chemtrail-Giften, Folge: Unfruchtbarkeit.
Empfehlung: Abführung der Gifte durch die Einnahme von Glaubersalz.

Medizinballgroße Zyste im Unterleib.
Empfehlung: Abklärung durch CT, MRT.
Oder: Gewichtszunahme aufgrund einer Stoffwechselstörung durch Handy- Strahlung.
Empfehlung: Tragen eines Aluhuts.

Typischer Atemgeruch eines Echsen-Aliens.
Empfehlung: Transport des Aliens nach Cape Canaveral, Rückführung ins Weltall.

In dieser Kombination unbekannte Symptomatik, deshalb vermutlich Covid-19.
Empfehlung: Abwarten und Beobachten.

WAS MACHE ICH EIGENTLICH, WENN ICH MICH SELBST MAL KRANK FÜHLE?

Und das passiert gar nicht mal so selten, denn die meisten Ärztinnen und noch mehr Ärzte sind ausgewiesene Hypochonder. Das ist auch logisch, denn niemand kennt sich mit Krankheiten so gut aus wie die Ärzteschaft. Im Grunde hätte sie durch sich selbst schon so viele Patienten, dass sie eine autarke Gemeinschaft bilden würde und auf Kundschaft von außen ganz verzichten könnte – **wenn** Ärzte im Krankheitsfall denn eine Kollegin oder einen Kollegen aufsuchen würden. Aber das tun sie in den seltensten Fällen. Der Grund liegt auf der Hand. Sie wissen ja, wer in den weißen Kitteln steckt: Im Grunde ein Klempner für den menschlichen Körper. Und wie bei den Klempnern in Blau ist es auch bei den Klempnern in Weiß reine Glückssache, auf jemanden zu treffen, der beispielsweise eine Verstopfung zuverlässig zu beseitigen weiß.

Was macht also die medizinische Fachkraft, die kränkelt? Sie behandelt sich selbst.

Bei kleineren Wehwehchen funktioniert die Selbsttherapie vielleicht ja noch. Aber schon der Versuch, die eigene Prostata nach Lehrbuch zu ertasten, stellt die meisten Ärzte vor unlösbare Probleme und führt sie – falls sie es dennoch versuchen – auf direktem Weg in die Ambulanz einer orthopädischen Praxis. Doch woran erkennt man als Arzt oder Ärztin, dass es höchste Zeit wird, sich selbst mal in ein fremdes Wartezimmer zu setzen?

10 ANZEICHEN,

AN DENEN SIE ERKENNEN, DASS SIE SELBST ZUM ARZT MÜSSEN

1 Das Aufpumpen einer Blutdruckmanschette bringt Sie augenblicklich an die Grenzen Ihrer körperlichen Kräfte. (Und dabei müssen Sie nur einen Knopf drücken. Für das manuelle Aufpumpen fühlen Sie sich schon seit Monaten zu schlapp.)

2 Ihr Tinnitus ist mittlerweile so laut, dass man sich im Wartezimmer schon über den Lärm in Ihrer Praxis beschwert.

3 Mit Ihrem Schüttelfrost eignen Sie sich nur noch für Arbeiten im Labor: als Reagenzglas-Schüttler.

4 Ihre Lymphknoten sind so dick, dass Sie mit den Schwellungen, die über Ihren ganzen Körper verteilt sind, problemlos die deutsche Meisterschaft im Bodybuilding gewinnen könnten.

5 Ihre Frau geht nur noch mit Ihnen ins Bett, wenn Sie vorher eine FFP3-Maske aufsetzen.

6 Ihre Arzthelferin ebenfalls.

7 Viren verlassen freiwillig Ihren Körper, weil es ihnen zu ungesund darin wird.

8 Bei der Endoskopie eines Dickdarms werden Sie von einem grellen, weißen Licht geblendet. Natürlich können Sie sich das nicht erklären, bis:

9 Sie eine sanfte Stimme hören, die Ihnen immer wieder sagt: „Geh in das weiße Licht!"
Das todsicherste Zeichen, einen Arztbesuch nicht weiter auf die lange Bank zu schieben, ist aber:

10 Man bittet Sie, Ihren Organspendeausweis aus Rücksichtname auf den etwaigen Empfänger zu vernichten.

BLICK IN DIE ZUKUNFT

EINE REPORTAGE AUS DEM JAHRE 2050

Dienstagmorgen, 8 Uhr. Im übervollen Empfangsbereich der Gemeinschaftspraxis Dres. Bakshi, Singh, Prakash und Bruchmann werden die ersten Wartemarken vergeben. Patient Wolfgang B. (88) ist unzufrieden: „Schöne Scheiße! Ich hab die Nummer 426. Damit bin ich erst morgen Mittag dran! Dabei stand ich heute Nacht schon um 3 Uhr hier bei denen vor der Tür!" Doch Wolfgang B. hat noch Glück. Denn er ist nur wegen eines eingewachsenen Zehennagels gekommen. Eine Lappalie gegenüber der offenen Schienbeinfraktur, mit der sich Isolde S. (86) bereits gestern in die Praxis geschleppt hat. Die Frührentnerin ist trotzdem guter Dinge: „Ich bin ja gleich dran. Und ich bin froh, dass ich überhaupt eine Arztpraxis in der Nähe habe. Wenn ich was hab, setz ich mich einfach in den Bus und bin in vier Stunden hier. Meine Mutter ist da deutlich länger unterwegs, wenn die zu ihrer Chemo fährt."

Die Gemeinschaftspraxis ist eine von fünf Praxen, die einen Teil der Schwäbischen Alb ärztlich versorgt. Dr. Balu Singh: „Für eine Fläche von 6.000 Quadratkilometern mit einer Einwohneranzahl von ca. 100.000 Menschen sind fünf Praxen schon weit über Durchschnitt. In der Stadt ist das natürlich total anders. Da haben Sie in den Luxusvierteln

auf einer Fläche von fünf Quadratkilometern 6.000 Menschen, um die sich 10.000 Ärzte kümmern. Ist ja auch klar. Seitdem wir die Einheitskrankenkasse haben, will niemand mehr eine Praxis auf dem Land eröffnen. Da verdient man ja nix mehr." Die Einheitskrankenkasse EFA (Eine für Alle) – eingeführt 2038 von der Regenbogen-Koalition – sollte das Gesundheitssystem gerechter machen. Ein Vorhaben, das durchaus gelungen ist, wie Wolfgang B. meint: „Ich find's ja irgendwie gut, dass man die privaten Versicherungen abgeschafft hat. Das war ja nichts mit dem Zweiklassensystem. Jetzt haben wir eben nur eine Klasse und in der geht es allen gleich schlecht. Die EFA bezahlt ja so gut wie nichts mehr."

Geht es wirklich allen gleich schlecht? Dr. Liem Bakshi sieht das anders: „Sehen Sie, wer in der Stadt für eine 200-Quadratmeterloft 16.000 Euro Miete

bezahlen kann, der kann sich auch eine Zusatzversicherung leisten. Oder direkt mehrere. Für die
Zähne, die Augen, die Ohren, die Milz, den Darm, den
Blinddarm, Herz und Lunge, für die Behandlung von
Masern, einer Erkältung und so weiter. Das lohnt sich
dann wieder für die Ärzte. Aber irgendjemand muss
sich ja um die Leute hier auf dem Land kümmern."

Dr. Bakshi lächelt Isolde S. an und bittet sie in das
Behandlungszimmer. Isolde S. hat wie alle Patienten,
die heute in der Praxis sind, keine Zusatzversicherung.
Für die Erstversorgung der offenen Schienbeinfraktur
erhält Dr. Bakshi von der EFA 2 Euro 49 plus 2 Cent
Blutspritzer-Schmutzzulage. Kein Wunder also, dass
sich die vier Ärzte und Ärztinnen zu einer Gemeinschaftspraxis zusammengeschlossen haben, um sich
die Kosten zu teilen. Dr. Rahul Prakash: „Mit den
Praxisräumen hatten wir echtes Glück. Das sind fast
180 Quadratmeter. Davon entfallen rund 30 Quadratmeter auf den Empfang und 135 auf den Wartebereich.
Den restlichen Platz nutzen wir komplett für unseren Behandlungsraum." Dr. Prakash wird von einem
lauten Schrei unterbrochen. Während das Schien-
bein von Isolde S. an einem Tisch nebenan mit ein
paar beherzten Hammerschlägen wieder in Form ge-
bracht wird, findet auf der Liege gegenüber gerade
eine Entbindung statt. Es ist ein Mädchen. Dr. Prakash gratuliert und fährt fort: „Trotzdem müssen wir
natürlich sparen bei dem was die EFA bezahlt. Gerätemedizin ist da ein teurer Luxus. Das teuerste Gerät,
das wir uns leisten können, ist ein Kaffeevollauto-
mat von Siemens & Yang. Und den brauchen wir auch,

damit uns die Patienten beim Warten nicht schlafend von den Stühlen fallen." Um überhaupt die laufenden Kosten (Kaffee, Dosenmilch, Doppelkorn zur Wunddesinfektion) decken zu können, muss die Praxis jeden Tag 400 Patienten durchschleusen. Dr. Ilse Bruchmann: „Klar, wenn wir auf Videosprechstunde ausweichen könnten, wäre das schon ein Vorteil, aber bis das Breitbandnetz auf dem Land komplett ausgebaut ist, dauert es noch ein paar Jahrzehnte. Bis es so weit ist, müssen wir eben mit dem Stress hier in der Praxis leben. Und ich muss zugeben, meine indischen Kollegen stecken den Stress oft besser weg als ich." Das ist eine gute Nachricht, wird doch die deutsche Ärzteschaft zu 80 Prozent aus indischen Ärzten bestritten, die nach dem großen Fachkräfte- und Ärztemangel 2045 mit aus Steuergeldern subventionierten Mitteln nach Deutschland gelockt wurden.

Ortswechsel. München: Dienstagmorgen, 10 Uhr 30. Im Empfangsbereich der „Proktologischen Fachpraxis für Probleme am Colon sigmoideum* Dr. Manfred Gleitgel" herrscht gähnende Leere. Das Streichquartett, das normalerweise zur Unterhaltung wartender Patienten im eichenholzgetäfelten Wartezimmer aufspielt, pausiert. Dr. Gleitgel ist unzufrieden: „Schöne Scheiße! Für heute hatte sich ein Patient angekündigt. Hat uns leider sitzen lassen, die Sau. Wissen Sie, was der hatte? Der hatte die Atlantik-Gold-Card Zusatzversicherung! Die bezahlen alles! Einmal den Finger in den Arsch und schon 10

---

* Letzter Abschnitt des Dickdarms.

Mille mehr auf'm Konto! So ein Patient kommt nicht jeden Tag! Gestern rief jemand an, der hatte was an der Prostata! Ich sag: Prostata? Klar, sagt der. Was glaubt der denn, wer ich bin? Ich bin Spezialist für das Colon sigmoideum! Prostata kann ich nicht!" Damit spricht Dr. Gleitgel ein weiteres Problem an: die zunehmende Spezialisierung. Für die Entnahme einer Niere braucht man heute – neben dem üblichen Personal – mindestens sechs Ärztinnen oder Ärzte. Einen, der die Narkose einleitet, einen, der aufschneidet, eine, die die Niere entnimmt, einen, der wieder zunäht, eine, die die Narkose wieder ausleitet und einen von der EFA bereitgestellten Vertrauensarzt, der die Niere anschließend meistbietend versteigert.

Ortswechsel. Wieder in der Gemeinschaftspraxis Dres. Bakshi, Singh, Prakash und Bruchmann. Ein Vertrauensarzt der EFA hat sich lange nicht in den Räumen der Praxis blicken lassen. Doch das wird sich ändern. Dr. Bakshi: „Wir haben bei der EFA Nägel zur Fixierung des Schienbeinbruchs bei Frau S. beantragt. Sie wollen jetzt einen Vertrauensarzt vorbeischicken, der nachschauen soll, ob eine Tube Pattex nicht reicht."

Frau S., wir drücken Ihnen die Daumen!

Medizin ist für unsere Autoren eine Leidenschaft, weshalb sie sich täglich bis zu 20 verschiedene Arzneimittel oral, subkutan und intravenös verabreichen. Alle drei haben ihr Medizinstudium mit einem Facharzt abgeschlossen. Dieser sitzt momentan wegen Beihilfe zur Urkundenfälschung eine mehrjährige Gefängnisstrafe ab.

Die Autoren können zudem auf Aufenthalte in so renommierten Kliniken wie der Berliner Charité und der Betty-Ford-Klinik zurückblicken – als Patienten. Ein ganzheitlicher Ansatz war unseren Autoren schon immer wichtig. Als Stationsärzte in zahllosen deutschen Provinzkrankenhäusern haben sie nicht nur dazu beigetragen, die Anzahl sinnloser Operationen, sondern auch den Alkoholverkauf in der jeweiligen Region nachhaltig zu steigern und hielten sich dabei immer fest an ihren ärztlichen Eid: Eine zitternde Hand operiert nicht gern.

Auch in der medizinischen Forschung haben unsere Autoren Unmenschliches geleistet.

Auf sie gehen wegweisende Erfindungen zurück,
wie die erste Bio-Unterschenkelprothese aus selbst-
auflösender Cellulose, der erste solarbetriebene
Herzschrittmacher (Akkulaufzeit bis zu vier Stunden) und nicht zuletzt der erste Corona-Impfstoff
auf Sagrotanbasis. Sämtliche Erfindungen befinden
sich zurzeit in der Erprobungsphase und haben
schon jetzt international für Furore gesorgt.
Um dem massiven Medienrummel rund um diese
medizinischen Neuheiten zu entfliehen, haben die
drei Autoren separat voneinander entschieden,
sich einer Gesichtsoperation zu unterziehen und
danach bis auf Weiteres unterzutauchen.